Martin Lüthke

Gebrauchsanleitung
Mensch

Lernen und Wachsen in
dieser Zeit des Umbruchs

www.tredition.de

© 2020 Folkert Lüthke

Verlag und Druck: tredition GmbH, Halenreie 40-44, 22359 Hamburg

ISBN
Paperback: 978-3-347-01657-6
Hardcover: 978-3-347-01658-3
e-Book: 978-3-347-01662-0

Dr. Folkert („Martin") Lüthke

Inhalt

Vorwort
von Martin Lüthke

Liebe Leserin, lieber Leser!

Jeder Küchenmixer und jeder Fernseher wird mit seiten-
langen Gebrauchsanweisungen geliefert, nicht dagegen der
Mensch. Da, wo es wirklich wichtig wäre, sind wir scheinbar
auf uns allein gestellt. Jeder Mensch wurstelt sich so zu-
recht und versucht, im Laufe des Lebens die Spielregeln zu
entdecken, die der Erfahrung des Menschseins zugrunde liegen.

Im vorliegenden Text versuche ich eine Art Gebrauchsan-
leitung zu skizzieren, die helfen mag, das Leben zu meistern. Diese Absicht soll nicht implizieren, dass ich alle Antworten habe und ein Patentrezept anbieten kann – ganz und
gar nicht, das wäre vermessen. Weshalb traue ich mich den-
noch, meine Leser auf einen Ausflug zum Nachdenken über
das Menschsein einzuladen?

Um diese Frage zu beantworten, möchte ich mich kurz
vorstellen. 1956 in Bremen geboren, wuchs ich in behüteten
und bürgerlichen Verhältnissen auf. Schon als Jugendlicher
interessierte ich mich für Psychologie, Psychoanalyse und
Philosophie. Nach dem Abitur und einer Tischlerlehre sowie
einigen Semestern Medizin, studierte ich lange Jahre Psychologie in Deutschland und den USA, wo ich 22 Jahre leb-
te.

In Amerika lernte ich meine Frau Linda kennen, mit der
ich seit über 25 Jahren zusammen lebe, schreibe und arbei-
te, seit 2009 wieder in Deutschland.

Wir haben beide Lebenserfahrung gesammelt als Partner, Pflegeeltern, Adoptiveltern und leibliche, bzw. Stiefeltern, und Großeltern. Zudem arbeiten wir seit Jahrzehnten mit Menschen in beratender oder therapeutischer Funktion.

Was unser Leben und unsere Lebensphilosophie jedoch besonders beeinflusst hat, ist die Zusammenarbeit mit den aufgestiegenen Meistern und zahlreichen anderen Lichtwesen, zu denen wir durch Lindas ausgeprägte mediale Fähigkeiten Zugang gefunden haben. Linda hat u.a. die Gabe, diese Lichtwesen durch sie sprechen zu lassen, ein Vorgang, der im Englischen *channeling* genannt wird.

Im Laufe der Jahre haben wir von tausenden Stunden Führung, Hilfe und *Coaching* profitiert. Dabei haben wir die Lehren der Lichtwesen (und deren Geduld) immer wieder auf die Probe gestellt, bis wir über die Jahre langsam begriffen haben, was sie uns vom ersten Tag an zu vermitteln bemüht waren. Trotz dieser liebevollen und geduldigen Anleitung, die wir genießen durften, sind wir immer noch Lernende und keine Heiligen. Ein zentraler Merksatz der aufgestiegenen Meister ist dieser: *The playing field is level* – alle spielen auf dem gleichen Spielfeld, keiner ist besser als irgend ein anderer. Und: *This is an equal-opportunity universe* – jeder hat den gleichen Zugang und die gleichen Privilegien.

Die Lehren der aufgestiegenen Meister und anderer Lichtwesen sind in unsere zahlreichen englischsprachigen Bücher und Veröffentlichungen eingeflossen, die im Anhang vorgestellt werden. Der vorliegende Text ist der erste, der im Original auf Deutsch verfasst wurde. Er ist deshalb ausschließlich auf meinem Mist gewachsen, einschließlich aller Irrtümer und Schwächen.

Soviel zur Vorrede.

Einleitung

Dieser Text befasst sich mit den großen Fragen des Lebens: Wer bin ich? Woher komme ich? Wohin gehe ich? Was ist der Zweck der Übung „Menschsein"? Wo ist mein Platz in der Schöpfung? Was ist wirklich und was Illusion? Welche Philosophie kann mir helfen zu leben?

Dabei ist das Stellen der Fragen ebenso wichtig, wie der Versuch einer Antwort.

Genau wie jeder Mensch in einer Behausung lebt, sei sie ein Palast oder eine Hütte, so lebt ein jeder auch in einem philosophischen Gebäude. Dieses mag sehr einfach oder äußerst differenziert sein; es umschreibt in jedem Fall unseren gedanklichen Lebensraum.

Wie können wir unser Gedankengebäude so gestalten, dass unser Leben dadurch bereichert statt beengt wird? Sind Sie bereit, Ihre philosophische Behausung vom Fundament bis zum Dachstuhl zu untersuchen und möglicherweise gewisse Umbauten vorzunehmen?

Darum geht es in diesem Buch.

Kapitel 1

Das energetische Paradigma

Jedes Gebäude braucht ein gutes Fundament, weshalb wir an dieser Stelle beginnen sollten. Ich nenne das Fundament des Gedankengebäudes, welches ich schrittweise skizzieren werde, das *energetische Paradigma*. Ein Paradigma ist eine fundamentale Grundidee oder Weltsicht, die den Rahmen allen weiteren Verständnisses absteckt.

Das **energetische Paradigma** kann in ein paar einfache Worte gefasst werden: *Alle Schöpfung ist Schwingung.* Alles was auf irgendeiner Ebene existiert, z.b. Materie, Gefühle oder Gedanken, hat einen gemeinsamen Grundbaustein, nämlich Energie, die auf einer bestimmten Frequenz schwingt. Diese Schwingung enthält Information oder Inteligenz. Energie und Information sind zwei Aspekte der gleichen Grundsubstanz. Um dies ganz einfach zu illustrieren, denken wir an einen Ton: Dieser hat eine Lautstärke (Energie) und eine Tonhöhe (Frequenz) – beide sind gemeinsame Eigenschaften des Tons.

Es handelt sich beim energetischen Paradigma um ein monistisches Paradigma, im Gegensatz zu einem dualistischen Denkansatz, wie er zum Beispiel in der philosophischen Trennung von *Geist* und *Materie* Ausdruck findet. [1,2]

Aus dem energetischen Grundverständnis lassen sich bei weiterem Nachdenken alle folgenden Einsichten und Gedanken ableiten.

---

1   Die Bibel drückt einen ähnlichen Gedanken aus (Johannes 1,1-3): *Im Anfang war das Wort, und das Wort war bei Gott, und Gott war das Wort. Dasselbe war im Anfang bei Gott. Alle Dinge sind durch dasselbe gemacht, und ohne dasselbe ist nichts gemacht, was gemacht ist.* Im griechischen Original wird das Wort *lógos* benutzt. Die Bedeutung des Wortes *lógos* ist nicht reduzierbar auf den deutschen Begriff „Wort", obwohl man sich in den Bibelübersetzungen oft für diesen Begriff entscheidet. Bei Heraklit spielt der Ausdruck *lógos* eine prominente Rolle und wird klassischerweise gedeutet als eine „die Welt durchwirkende Gesetzmäßigkeit." Die Stoa sieht im Logos ein Vernunftprinzip des geordneten Kosmos, einen ruhenden Ursprung, aus dem alle Tätigkeit hervorgeht. Der Hegelsche Begriff des *Weltgeistes* weist in die gleiche Richtung.

2   Wer sich für das Verhältnis von Spiritualität und Naturwissenschaft interessiert, kann u.a. hier interessante Anregungen finden: https://www.theologie-naturwissenschaften.de/diskussion/unsere-themen/einzelansicht/datum/2010/11/07/am-anfang-war-das-wort.html
http://www.collective-evolution.com/2017/04/26/dalai-lama-spirituality-without-quantum-physics-is-an-incomplete-picture-of-reality/

Kapitel 2

Wer bin ich?

Auf Basis des energetischen Paradigmas können wir dann die nächste Frage stellen: **Wer bin ich?** Die Antwort ist einfach: Jeder Mensch ist intelligente Energie. Wir sind aus Energie gemacht. Jedes Atom unseres Körpers besteht aus kondensierter Energie, die auf bestimmten Frequenzen schwingt. Gedanken und Gefühle, die ja für unsere Erfahrung des Menschseins mindestens so wichtig sind wie unsere Körperlichkeit, sind ebenfalls energetische „Bewusstseinswolken" oder Kraftfelder, jedoch auf einem feinstofflicheren Niveau als der materielle oder physische Aspekt unseres Seins.

Wie kann man sich das bildlich vorstellen? Denken wir einmal an H_2O, zwei Wasserstoffmoleküle gepaart mit einem Sauerstoffmolekül. Diese sind uns in verschiedenen Aggregatzuständen oder Verdichtungsstufen bekannt. Als feste Materie nennen wir dies *Eis*; es verkörpert die langsamste Schwingungsfrequenz. Als flüssige Materie nennen wir es *Wasser*. Wenn wir dem Wasser mehr Energie zusetzen, z.B. in einem Kochtopf, bewegen sich die Moleküle noch schneller und formen *Wasserdampf*. Und schließlich können wir uns freischwebende H_2O-Moleküle im gasförmigen Zustand vorstellen.

Bei diesen recht unterschiedlichen Erscheinungsformen handelt es sich chemisch jedoch um ein und dieselbe Substanz, H_2O, nur der Energiegehalt und die Schwingungsfrequenz unterscheiden sich.

Dies ist eine Metapher für die verschiedenen Energieebenen, die allesamt unser Wesen ausmachen: vom grobstofflich-physischen bis zum feinstofflich-metaphysischen.

In einem späteren Abschnitt werden wir uns detaillierter mit dem menschlichen Energiekörper und dessen Verhältnis zum physischen Körper befassen.

Kapitel 3

Woher komme ich, wohin gehe ich?

Ein wichtiger naturwissenschaftlicher Grundsatz ist als *Energieerhaltungssatz* bekannt. Dies bedeutet, dass sich die Gesamtenergie eines abgeschlossenen Systems nicht mit der Zeit ändert. Energie kann zwischen verschiedenen Energieformen umgewandelt werden, beispielsweise von kinetischer Energie in thermische Energie. Es ist jedoch nicht möglich, Energie zu erzeugen oder zu vernichten.

Wir bezeichneten den Menschen als ein Energiewesen, das auf verschiedenen Schwingungsfrequenzen existiert. Aus dem Energieerhaltungssatz können wir ableiten, dass wir zeitlose Wesen sind, deren energetische Essenz weder erzeugt noch vernichtet werden kann. Natürlich sind wir in kontinuierlichen Umwandlungsprozessen begriffen – unser Körper, unsere Gedanken und Gefühle ändern sich mit jedem Atemzug – aber unsere energetische Essenz ist ohne Anfang und Ende.

(Woher die Energie kommt, wer oder was deren Schöpfer ist und warum es sie gibt, sind Fragen, die wir hier ganz bewusst ausklammern wollen.)

Dies ist der Prolog zur nächsten großen Frage: **Woher komme ich, wohin gehe ich?** Die Frage nach dem Woher und Wohin löst in den meisten von uns räumliche Vorstellungen aus, als würden wir uns von einem Raum in einen anderen begeben. So sind wir es gewohnt, in Bildern von Himmel und Erde, oben und unten zu denken. Dieser räumliche Bezug ist jedoch fehlweisend. Vielmehr geht es um einen Wandel in der Frequenz unserer „Bewusstseinswolke", von einem Aggregatzustand zu einem anderen.

Um noch einmal bildlich zu sprechen, können wir den Prozess des Werdens und Vergehens, dem alle Erscheinungsformen unterworfen sind, mit dem Wasserkreislauf vergleichen. Im Wasserkreislauf geht kein Wasser verloren, dieses ändert nur seinen Zustand. Mal liegt das H_2O als Luftfeuchtigkeit vor, mal als Dampf in Form einer Wolke, mal als Wasser in Form von Regentropfen oder Gewässern und mal in fester Form als Hagel, Schnee oder Eis.

Ähnlich ist es auch mit dem Menschen: Mal ist sein Bewusstsein – und dadurch die vom Menschen erfahrene Wirklichkeit – stark an die körperliche Ebene gebunden, mal bewegt er sich eher im feinstofflichen, emotionalen, abstrakten oder mentalen Bereich. Wenn wir bewegende Musik hören, von der Schönheit der Natur begeistert sind, uns von einem spannenden Buch fesseln lassen, in die Tiefen der Mathematik eindringen oder uns Träumen hingeben, löst sich unser Bewusstsein und unser Erfahrungsschwerpunkt vom Körper und den physischen Sinnen. In solchen Zuständen erleben wir uns jedoch oft als mindestens so lebendig, als wenn wir ein Steak essen oder in der Sauna schwitzen. In anderen Worten: Weniger körperlich zu sein bedeutet nicht unbedingt, weniger lebendig zu sein.

Und so ist es auch, wenn der physische Körper stirbt. Der Mensch, der im Wesentlichen ein unzerstörbares Energiewesen ist, verliert durch das Sterben die körperlichen Aspekte seiner Lebenserfahrung, er wird dadurch jedoch nicht weniger lebendig.

Kapitel 4

Loslassen und Sterben

Wenn unser Gehirn seine Funktion einstellt, erlöscht dadurch nicht unser Bewusstsein. Das Gehirn ist nicht der Ursprung oder Sitz unseres Bewusstsein, ebenso wenig wie ein Computerbildschirm mit dem Großrechner verwechselt werden sollte. *Alle* Schöpfung, jedes subatomare Kleinstteilchen und jede Galaxie, enthält Intelligenz – ganz ohne Gehirn. Unser Bewusstsein und unsere energetischen Aspekte sind nicht an unsere körperliche Existenz gebunden, es ist nur eine Frage der Identifizierung.

Irgendwann kommt für jeden Menschen der endgültige Moment, an dem er die Identifizierung mit einer Zeit, einem Raum und einem Körper loslässt. Bevor wir diesen Moment erreichen, den wir *Sterben* nennen, üben wir das Loslassen regelmäßig und in vielfacher Weise.

Wir alle können die Apertur unseres Bewusstseins erweitern oder verengen, z.B. wenn wir transzendierende Erfahrungen machen, in einem Erlebnis aufgehen oder den nächtlichen Sternenhimmel bestaunen. Verengung erfahren wir z.B., wenn wir uns an unserem *Problem des Tages* festbeißen und unsere gesamte Wirklichkeit auf diesen Brennpunkt reduzieren.

Während wir schlafen, löst sich unser Bewusstsein häufig vom Körper und wir erleben Bilder, Räume, Gefühle und vieles andere mehr, das wenig oder keinen Bezug zu unserer körperlichen Wirklichkeit hat. Welcher Traum ist wirklicher, der, den wir nachts träumen oder tags?

Viele Menschen glauben, dass, wenn sie sterben, sie nicht mehr aufwachen. Man könnte umgekehrt sagen, dass der Prozess des Sterbens ein Aufwachen aus dem Traum der Identifizierung mit dem Körperlichen darstellt. Als Im-Körper-Gefangene auf der Erdebene sind wir wie Schlafwandler. Sobald unser Bewusstseinsschwerpunkt auf die nichtphysischen Ebenen zurückkehrt, können wir freier und leichter an den verschiedensten Lebensebenen jenseits des Physischen teilhaben.

Auch auf der körperlichen Ebene üben wir das Loslassen regelmäßig und in vielfacher Weise. Unsere Zellen – und die zahllosen Bakterien, die unseren Körper besiedeln – sind in einem nie endenden Umwandlungsprozess begriffen. Manche Zellen leben weniger als 24 Stunden, andere bis zu zehn Jahre, ganz wenige erneuern nur Bestandteile – aber alles in unserem Körper wandelt sich kontinuierlich. Der Dreijährige, der wir einmal waren, ist schon lange tot, die 15-jährige auch, und morgen ist vieles in unserem Körper nicht mehr am Leben, mit dem wir uns heute ganz entschieden identifizieren.

Die Hauptursache des Sterbens ist die Geburt. Von da ab gehen wir mit jedem Atemzug dem Grab entgegen. Warum sollten wir uns vor diesem Prozess fürchten, sind wir doch in vielfacher Weise täglich mit dem „kleinen Sterben" befasst?

Kapitel 5

Reinkarnation macht Sinn

Wie der aufmerksame Leser bereits vermutet hat, kommen wir damit zum Thema der Reinkarnation oder Wiedergeburt. Natürlich kann ich niemanden überreden, der sich dieser Idee widersetzt. Jeder hat ein Recht auf Irrtum. Es geht mir nicht darum, andere gegen ihre Überzeugungen für meine Sicht zu gewinnen. Ich biete hier nur einige Argumente an, die helfen können, einen Sinn in der Erfahrung des Menschseins zu finden.

Alles in der Natur ist zyklisch angelegt. Die Tages- und Jahreszeiten, der Umlauf der Gestirne, die Gezeiten, Huhn und Ei, Eichel und Eichbaum – alles kommt und geht im Kreislauf der Natur. Nach der im Westen und im Christentum vorherrschenden Lehre ist der Mensch diesbezüglich eine singuläre Ausnahme: Er hat nur ein Leben! Statt eines kreisförmigen Verlaufs gehen wir von einer linearen Entwicklung aus, ähnlich einem Zahlenstrahl: Geburt → Leben → Tod.

Woher wir kommen wird ebenso wenig genauer erklärt, wie wohin wir gehen. Die Frage des Sinns unseres irdischen Lebens wird ebenfalls nicht beantwortet.

Die Antworten, die von der im christlichen Kulturraum vorherrschenden Doktrin bezüglich des Woher, Wohin und Warum angeboten werden, sind m.E. intellektuell und spirituell höchst unbefriedigend. *Der Herr hat's gegeben, der Herr hat's genommen* reicht mir jedenfalls nicht!

Ich nenne die vorherrschende Doktrin die *Lehre von der einen Patrone*. Uns wird die Idee in den Kopf gesetzt, dass wir von Gott nur ein Leben bekommen und damit nur eine Chance, es richtig zu machen. Wie wir dies Leben führen, entscheidet darüber, ob wir nach unserem Tod und in alle Ewigkeit belohnt oder bestraft werden. Es ist so, als hätte man ein Gewehr mit einer einzigen Patrone: Wenn man dann auf die Zielscheibe zielt, wohl wissend, was alles von diesem einen Schuss abhängt, muss man es natürlich mit der Angst bekommen. Und das, so vermute ich, ist die eigentliche Motivation hinter der Ein-Patronen-Philosophie: Angst zu erzeugen vor dem Leben, dem Tod sowie vor dem, was nach dem Tod passiert (Hölle, ewige Verdammnis usw.). Diese Doppelstrategie verleiht den Predigern der Angst viel Macht über die Gläubigen.

Nun möchte ich der Fairness halber einräumen, dass in der christlichen Doktrin neben dem Konzept der Belohnung (Himmel) und Bestrafung (Hölle) die Idee der Gnade und Vergebung existiert. Wann diese Gnade erfahren wird und wann unsere Sünden vergeben werden und nach welchen Kriterien und Gesetzen, wird aber nicht nachvollziehbar erklärt.

Wer hat die Macht über uns zu Gericht zu sitzen? Werden alle Sünden vergeben? Wenn ja, warum sollte ich sündenfrei leben? Wenn nicht, welche Sünden sind unverzeihlich? Und was passiert mit den unbegnadigten Sündern? Kommen die dann in die Hölle?

Für einen denkenden Menschen sind dies berechtigte Fragen, auf die von Seiten der Kirchen m.E. keine überzeugenden Antworten angeboten werden.

Nun zur Idee der Wiedergeburt, deren Vorteile sich aus den Nachteilen der Ein-Patronen-Philosophie ableiten: Alle

Lebensprozesse sind zyklisch oder spiralförmig angelegt, da ist das menschliche Leben keine Ausnahme. Wir sind Teil der Natur und folgen den gleichen Gesetzen wie der Rest der Schöpfung. Der Mensch ist nicht mehr Ebenbild Gottes, als jede andere Kreatur auch, und nimmt deshalb keine Sonderstellung ein. Wenn wir vom „Rad der Wiedergeburt" oder einem Kreislauf ausgehen, statt der Idee eines Zahlenstrahles, kommt der Frage des Woher und Wohin weniger Gewicht zu. Denn während der Anfang und das Ende bei einer geraden Linie von definitiver Bedeutung sind, sind diese bei einem Kreis irrelevant.

Wenn wir mehr als eine Chance bekommen die Zielscheibe unseres Lebens zu treffen, gibt es Anlass zur Hoffnung statt zur Angst. Gnade und Vergebung sind keine Fragen göttlicher Launen, des Zufalls oder unbekannter Regeln. Wenn wir mehr als eine Chance bekommen, können wir aus unseren Fehlern und Erfahrungen lernen. Daraus erwächst *uns* die Macht über unsere Zukunft zu entscheiden statt die Macht einem „jüngsten Gericht" zuzuschreiben, dessen Kodex, Zeitpunkt, Zusammensetzung oder Legitimation unbestimmt bleibt. Statt Angst, Reue, Schuldgefühle und (Selbst-) Bestrafung, haben wir wiederholt Gelegenheit zu lernen, zu wachsen, unsere Schulden auszugleichen und uns selbst – und anderen – zu verzeihen.

In einfachen Worten: mehr Bemächtigung, Hoffnung, nachvollziehbare Gnade; weniger Angst und Machtlosigkeit.

Kapitel 6

Zur Frage des Warum? Was ist der Zweck der Übung „Menschsein"?

Man kann natürlich den Standpunkt vertreten, dass der Mensch ein Tier wie jedes andere ist und es über die biologischen Erfahrungen und Prozesse der Körperlichkeit hinaus nichts zu erklären gibt. In diesem Fall ist das Menschsein genauso sinnvoll oder sinnlos, wie das Hundsein oder Quallesein. Diese Sichtweise hat den Vorteil, dass wir das Buch an dieser Stelle abschließen könnten.

Falls uns eine solche biologistische Sicht nicht befriedigt, stellt sich zwingenderweise die Frage nach dem Sinn oder Zweck der Übung „Menschsein".

Wenn wir den Menschen als ein mit Bewusstsein durchzogenes Energiewesen auf verschiedenen Verdichtungsebenen begreifen, dann liegt es nahe, dass es bei der Erfahrung des Menschseins im Prinzip um Erfahrungen im Feld von *Energie+Bewusstsein* geht.

Ich verstehe den Menschen als ein *Bewusstseinsexperiment*, bei dem die Regeln und Gesetze des Experimentierfeldes sozusagen im Selbstversuch entdeckt werden müssen.

Diese Regeln und Gesetze werden uns nicht selbstverständlich mitgegeben, wir müssen sie im Laufe unserer Leben entdecken, ähnlich wie Spielregeln eines Spieles, das wir nicht verstehen. Es geht also im Kern um Lernprozesse.

Als Energiewesen, das auf vielen Ebenen existiert, können wir natürlich auf vielen Ebenen lernen – und tun dies auch. Jede Ebene hat ihre Besonderheiten. Die Erdebene ist nicht unser einziges Lernumfeld, sie bietet uns jedoch Lernerfahrungen an, für die das Schulhaus Erde am besten geeignet ist.

Jedes Wesen, das das Schulhaus Erde besucht, folgt einem höchst individuellem Curriculum. Während der *Lehrplan* genau auf das individuelle Wesen zugeschnitten ist, sind die *Lernziele* für alle gleich.

Nun stellt sich die Frage: Wer schreibt den Lehrplan? Und was sind die Lernziele? Dazu müssen wir etwas weiter ausholen.

Kapitel 7

Totalität und Zeit

Unter bestimmten Wetterbedingungen, wenn sich Wolken vor die Sonne schieben, kann man unterhalb der Wolken fächerartige Sonnenstrahlen wahrnehmen. Diese Strahlen sind an einem Ende direkt mit der Quelle, der Sonne, verbunden, das andere Ende trifft auf die Erde auf. Vom Anfangspunkt in der Sonne bis zum Endpunkt auf der Erde besteht eine ununterbrochene Verbindung. Wir nehmen (unter bestimmten Bedingungen) die Sonnenstrahlen als getrennte Einheiten wahr, obwohl wir nicht genau sagen könnten, wo der eine Strahl anfängt und der andere aufhört.

So ähnlich ist es mit dem Energiewesen Mensch. Wir alle haben eine ununterbrochene Verbindung zum Ursprung, ob man diesem nun den Namen Gott, Schöpfer, Brahma oder was auch immer gibt. (Um neutral zu bleiben, ziehe ich *Unbegrenzte Quelle* vor.) Dies ist unsere höchste Schwingungs- oder Bewusstseinsebene. Unser irdisches Bewusstsein ist dagegen unsere niedrigste Schwingungs- oder Bewusstseinsebene. Dazwischen liegen eine unbegrenzte Zahl von Schwingungsebenen oder Dimensionen, die sich in ihrer Frequenz unterscheiden, ähnlich den verschiedenen Farben im Farbspektrum. Deshalb bezeichnen wir den Menschen auch als *multi-* oder gar *omni-dimensionales Energiewesen.*

Die Parallele zu den Sonnenstrahlen geht noch weiter: Im Ursprung sind diese am intensivsten und heißesten, am Endpunkt, beim Auftreten auf die Erde, am kühlsten und schwächsten. Mit zunehmender Entfernung von der Quelle werden die Energien heruntertransformiert. Wenn die Erde der Sonne zu nahe käme, würde sie verglühen. Wenn ein

Mensch ohne dazwischengeschaltete Transformatoren das „Gesicht Gottes" berühren würde, würde er gleichermaßen verglühen. Es wäre so, als ob ein energetischer Schaltkreis, der für 220 Volt Haushaltsstrom ausgelegt ist, 100.000 Volt Starkstrom ausgesetzt würde.

Und noch eine Parallele gibt es zum Sonnenstrahl: Dieser wird von uns, unter bestimmten Bedingungen (s.o.), als individueller Strahl wahrgenommen, was aber ein Artefakt der Wahrnehmung ist. In Wirklichkeit hat der Strahl keine Form oder Begrenzung und er steht auf gleicher Stufe und in untrennbarem Kontakt mit allem anderen Licht, das von der Sonne abgestrahlt wird.

So ist es auch mit uns Menschen: Wir werden geleitet vom Missverständnis, ein von der Unbegrenzten Quelle und dem Rest der Schöpfung getrenntes Wesen zu sein, obwohl wir in Wirklichkeit vom gleichen Licht durchströmt und geschaffen sind, wie der Rest der Schöpfung auch.

Dem Frequenzspektrum unseres Lichtstrahls, das vom Irdischen bis zum Göttlichen reicht, können wir einen Namen geben. Häufig wird vom *Höheren Selbst* gesprochen, ich schlage den Begriff der *Totalität* vor.

Zur Totalität eines Wesens gehört alles, was dieses Wesen ist, jemals war und jemals sein wird.

Der vorstehende Satz hat es in sich, weshalb man ihn zweimal lesen sollte.

Implizit in der Definition der *Totalität* ist die Vorstellung unserer Zeitlosigkeit, zumindest in dem Sinne, wie Zeit auf der Erdebene verstanden wird, nämlich als lineare Abfolge nach dem Muster Vergangenheit → Gegenwart → Zukunft.

Zeit als Zahlenstrahl ist eine natürliche Denkgewohnheit des Menschen, die selten hinterfragt wird. Und doch gibt es immer wieder Erfahrungen, die diesem Muster nicht entsprechen, z.B. wenn man Visionen oder Träume zukünftiger Ereignisse hat, die sich erst später auf der Erdebene ereignen.

Ein Alternativmodell zum Zahlenstrahl ist eine Kugel. Stellen wir uns vor, dass wir im Zentrum einer Glaskugel sitzen. Von dort sind alle Punkte auf der Oberfläche der Kugel gleichweit entfernt. Alle möglichen Zeitpunkte befinden sich auf der Oberfläche der Kugel, im *Ewigen Jetzt*. Wo immer wir unser Bewusstsein hinlenken, dort sind wir. Dieses Bild ähnelt einer Plasma-Glaskugel (wie man sie z.B. im naturkundlichen Museum findet), die Blitze erzeugt, je nachdem, wo man seine Hände hinhält.

Nur wenn wir uns von der erdgebundenen Vorstellung von Zeit als Zahlenstrahl lösen, können wir anfangen zu begreifen, wie und warum es möglich ist, dass unsere Totalität einen Lehrplan für unseren Besuch im Schulhaus Erde orchestrieren kann, in den systematisch *alle* Erfahrungen und Erlebnisse einfließen, auch wenn diese sich erst im Laufe der Zeit entfalten. Unsere Totalität kennt alle Zeitpunkte in unseren Inkarnationen, der gegenwärtigen ebenso wie den vergangenen und den zukünftigen.

Aus der Warte der Totalität, vom Zentrum der Glaskugel betrachtet, existiert alles simultan und interaktiv. Unsere Gegenwart wird deshalb nicht nur von unserer Vergangenheit, sondern auch von unserer Zukunft beeinflusst. Wenn ich zuvor sagte, dass der Dreijährige und die 15-jährige, die wir einmal waren, bereits vergangen seien, so stimmt dies nur in gewisser Hinsicht. Auf der Ebene unserer Totalität geht nichts jemals verloren, d.h., wir sind simultan ein

Baby, ein Kleinkind, ein Jugendlicher, ein Erwachsener, ein Greis und bereits gestorben.

Diese Perspektive erscheint uns aus menschlicher Sicht genauso wenig nachvollziehbar, wie die Tatsache, dass die Erde eine Kugel ist. Dem menschlichen Auge verschließt sich diese Wahrheit; egal wo wir hinschauen, die Erde erscheint uns als eine flache Ebene. Dass wir in Wirklichkeit auf einer Kugel leben, widerspricht unseren Wahrnehmungsgewohnheiten. So ähnlich ist es auch mit dem Ablauf der Zeit. Wir nehmen sie anders wahr, als sie in Wirklichkeit ist.

Kapitel 8

Liebe als Lernziel

In Kapitel 6 hieß es: „Jedes Wesen, das das Schulhaus Erde besucht, folgt einem höchst individuellem Curriculum. Während der *Lehrplan* genau auf das individuelle Wesen zugeschnitten ist, sind die *Lernziele* für alle gleich." Was nun sind diese universellen Lernziele?

Es geht, in einem Wort, um **Liebe**. Zu diesem Thema bietet es sich an die Bibel (Matthäus 22,36-40) zu zitieren:

Meister, welches ist das höchste Gebot im Gesetz? Jesus aber sprach zu ihm: »*Du sollst den Herrn, deinen Gott, lieben von ganzem Herzen, von ganzer Seele und von ganzem Gemüt*« *Dies ist das höchste und erste Gebot. Das andere aber ist dem gleich:* »*Du sollst deinen Nächsten lieben wie dich selbst*« *In diesen beiden Geboten hängt das ganze Gesetz und die Propheten.*

Es geht also um Liebe: Zu Gott, zum Nächsten und zu uns selbst – und zwar gleichermaßen.

Nun ist *Liebe* ein Wort mit vielen Bedeutungsschattierungen, von romantischer Liebe (*Eros*) bis zur Nächstenliebe (*Agape*), von der Liebe zur Natur, zum Haustier oder Enkelkind bis zur Selbstliebe. Da sich das Gemeinte nicht unmittelbar erschließt – und weit über den umgangssprachlichen Bedeutungsrahmen hinausgeht – werden wir uns dem Thema Liebe ausführlicher widmen.

Im Prozess des Lernens zum Thema Liebe erleben wir Menschen viele Variationen und Schattierungen. Selten erfährt oder empfindet der Mensch aber eine reine Liebe, die nicht von Bedingungen, Bedürfnissen, Gelüsten oder Erwartungen gefärbt ist. Dieses sind vielleicht notwendige Vorübungen zum Erlernen der reinen Liebe, genau wie die Grundrechenarten unabdingbar sein mögen als Vorbereitung für ein Verständnis der höheren Mathematik.

Die reine Liebe ist weit mehr als ein Gefühl oder eine Emotion. Sie ist nicht sentimental, manipulativ oder klammernd. Sie hat nichts mit dem Tauschgeschäft zu tun, das den meisten Liebesbeziehungen zugrunde liegt: „Ich liebe Dich, solange Du mich liebst." Selbst die Liebe von Eltern zu ihren Kindern ist selten bedingungslos: Wenn das Kind nicht den Verhaltens- oder Charaktererwartungen der Eltern entspricht, wird ihm häufig Liebesentzug zuteil.

Die reine Liebe, die unser aller Lernziel ist, ist bedingungslos und unterschiedslos. Sie wird *a priori* und ohne Vorbedingungen gegeben. Sie ist wie die Sonne, die auf alle und alles gleichermaßen scheint – Sünder und Heilige, Unkraut und Orchideen – ohne irgendetwas als Gegenleistung zu verlangen.

Diese Liebe hat keine zeitlichen Grenzen, genau wie die Sonne, die auch immer scheint. (Die Illusion, dass die Sonne untergeht, hat alles mit der Erde und nichts mit der Sonne zu tun.)

Diese Liebe kann auch als *göttliche Liebe*, oder wem das lieber ist, als *kosmische Liebe* bezeichnet werden. Und darum geht es in der Tat.

Kapitel 9

Licht als Form der Liebe

Im ersten Kapitel hatten wir über das energetische Paradigma gesprochen, nämlich, dass die gesamte Schöpfung aus Energie gepaart mit Information oder „Intelligenz" besteht. *Energie* und *Information* sind Begriffe, die vielleicht recht kalt klingen, als würden wir in einem unbeseelten, kalten Kosmos existieren. Das Gegenteil ist der Fall. Denn hinter Energie und Information steht die kosmische Liebe, die als Kraft und Ordnungsprinzip das Ganze zusammenhält und der Energie und Information eine Richtung gibt. Sie erinnern sich: *In diesen beiden Geboten hängt das ganze Gesetz (Matthäus 22,40).*

Jetzt ist es endlich an der Zeit einen weiteren, äußerst wichtigen Begriff einzuführen, nämlich den des *Lichts*. Die menschliche Sprache ist unzureichend, das Göttliche und Fundamentalste in geeignete Worte zu fassen. Der Begriff *Licht* bietet sich aber an, da diese mit Liebe durchdrungene, intelligente Energie von Menschen oft als Licht wahrgenommen wird. Das Licht ist der Ursprung allen Seins und die allgegenwärtige Ordnungskraft.

Und so ist es jetzt auch an der Zeit, den Menschen als ein *omni-dimensionales Lichtwesen* zu beschreiben. Das Lernziel unserer Inkarnationen ist demnach, diesem Licht in so reiner und unverfälschter Weise Ausdruck zu verleihen, wie es uns jeweils möglich ist.

Selbstverständlich ist der Rest der Schöpfung ebenfalls eine Manifestation dieses Lichts. Es durchzieht den gesamten Kosmos, alle Galaxien und jedes Atom. In diesem Sinne ist der Mensch also nichts besonderes. Er unterscheidet sich von anderen Lebewesen nicht in dem Ausmaß des Lichts, das ihm innewohnt, nur in dem Ausmaß, in dem er den unverfälschten Ausdruck dieses Lichts blockieren kann.

Denn im Gegensatz zum verstandesgeleiteten Menschen nutzt der Rest der Schöpfung sein Bewusstsein nicht, sich dem Fluss des Lichts in den Weg zu stellen, dieses zu beugen oder zu filtern. Der Umstand, dass Menschen verstandesgeleitete Wesen sind, erklärt die besondere Aufgabe und Herausforderung unserer Spezies, nämlich unser Bewusstsein so zu öffnen oder zu zähmen, dass wir den freien und ungehinderten Fluss des Lichts zulassen können.

Der Mensch kann also als Bewusstseinsexperiment verstanden werden: Wir haben als Spezies unsere Verbindung zur Quelle aller Schöpfung – und damit unsere Essenz als Lichtwesen – vergessen und müssen diese im Laufe unserer zahlreichen Besuche in der Schule des Lebens mühsam wiederentdecken. Dabei gilt es die vielen emotionalen und mentalen Filter, die dem freien Fluss des Lichts in uns im Wege stehen, Schicht für Schicht zu erkennen und aufzulösen. Mit dieser Aufgabe werden wir uns in späteren Kapiteln ausführlicher befassen.

Kapitel 10

Umbruch und Bewusstseinswandel

Analog zu der uns vertrauten Interpretation von Zeit entlang eines Zahlenstrahls neigen wir zu der Vorstellung, dass sich Entwicklungen mehr oder minder linear, im Sinne von Fortschritten von der Vergangenheit über die Gegenwart in die Zukunft, entfalten. Insbesondere die technologischen Fortschritte der letzten hundertfünfzig Jahre legen eine solche Vorstellung nahe.

Niemand kann jedoch behaupten, dass die Entwicklung des menschlichen Bewusstseins mit den technologischen Fortschritten mitgehalten hat. Ob es überhaupt erkennbare Fortschritte in der Bewusstseinsentwicklung des Menschen gibt, kann debattiert werden. Und es gibt Anlass zu zweifeln, dass es sich hier um Fortschritte mehr oder minder linearer Natur handelt.

In der Tat gibt es in der vedischen Tradition Indiens die Lehre von den vier Zeitaltern (*Yugas*), die sich zyklisch über einen langen Zeitraum entfalten und unterschiedliche Stufen der Bewusstseinsentwicklung mit sich bringen. Dieser Zyklus steht, wie von manchen Denkern behauptet wird, in Zusammenhang mit dem astronomischen und astrologischen Phänomen der *Präzession der Erdachse*, die sich über einen Zeitraum von ca. 26.000 Jahren erstreckt. Auch dem legendären Maya-Kalender liegen zyklische Muster zugrunde, die mit verschiedenen Bewusstseinsstufen in Zusammenhang gebracht werden.

Ohne weiter auf die Details der verschiedenen Traditionen und Schulen eingehen zu wollen, möchte ich an dieser Stelle behaupten, dass wir gegenwärtig in einer nicht-linearen Phase der Bewusstseinsentwicklung begriffen sind, deren Auswirkungen und Folgen von der Menschheit weder verstanden noch vorhergesagt werden können. Letztere Aussage beruht auf der Erkenntnis, dass die gegenwärtigen Umbruchsprozesse einmalig und ohne Beispiel in der Geschichte der Menschheit sind (soweit wir diese kennen), wir also keine Vorerfahrungen haben, auf die wir zwecks Orientierung zurückgreifen könnten.

Für die nächsten Schritte in meiner Gedankenkette bitte ich meine Leser und Leserinnen um etwas Geduld. Schließlich geht es um nicht weniger als den Versuch, einen Prozess zu erläutern, für den wir in unserem Alltagsverständnis keinerlei Bezugsrahmen haben. Am Ende wird der geduldige Leser aber hoffentlich mit einem vertieften Verständnis und größerer Klarheit belohnt werden.

Wir erinnern uns: *Alle Schöpfung ist Schwingung.* Die Frequenz dieser Schwingung unterscheidet Blau von Rot, Wasserstoff von Sauerstoff, Eis von Dampf, Bitterkeit von Dankbarkeit. Unsere Erde und alle Kreaturen auf diesem Planeten sind aus den gleichen chemischen Grundsubstanzen geschaffen und formen ein gemeinsames Schwingungsfeld. Da alle Schöpfung von Bewusstsein durchtränkt ist, formen die Erde und ihre vielfältigen Bewohner eine Bewusstseinswolke mit einer Durchschnittsfrequenz.

Wir beobachten seit einigen Jahrzehnten, dass diese Bewusstseinswolke von zunehmend höher-frequentem Licht durchflutet wird, was die Durchschnittsfrequenz unseres Planeten und seiner Bewohner erhöht. Es ist so, als würde ein Eisbrocken langsam in einem Umluftofen erwärmt werden, was das Schwingungsniveau der H_2O-Moleküle erhöht und schließlich zu einer Veränderung der Form und Beschaffenheit des vormals festen Körpers führt. Im Falle der Erde handelt es sich natürlich nicht um einen Umluftofen; das ist nur eine Metapher. Verschiedene Autoren haben die postulierten Vorgänge in der Tat auf die Passage der Erde durch den Photonengürtel zurückgeführt.[3]

Über die astrophysischen Hintergründe dieser besagten Entwicklung kann sicher viel spekuliert werden. Der wesentliche Punkt ist, dass die Erde als Bewusstseinsfeld einem umfassenden Umbruchsprozess unterworfen ist, der die vorherrschende Durchschnittsfrequenz zunehmend anhebt. Dies ist das Resultat kollektiver Entscheidungen, in die das kollektive Bewusstsein der Menschheit, der Tierwelt, des Planeten und der Sonnensysteme eingeflossen sind.

Mutter Erde, die kein Kloß unbelebter Materie, sondern ein mit Bewusstsein und Leben durchzogenes Wesen ist, hat sich entschieden aus ihrem Dämmerschlaf zu erwachen. Als Bewohner und Frucht dieses Planeten nehmen wir einvernehmlich und kollektiv an diesem Erwachensprozess teil. Alle Menschen, die sich gegenwärtig auf der Erde aufhalten, haben sich auf der Bewusstseinsebene ihrer Totalität bereit erklärt, an diesem fundamentalen Veränderungsprozess teilzuhaben. Dadurch tragen wir zu unserem eigenen Erwachensprozess bei, gleichzeitig beeinflusst unser jeweiliger Bewusstseinszustand die Schwingungsfrequenz unseres Planeten, sowohl positiv als auch negativ.

Neben dem *Bewusstseinsexperiment Mensch* durchleben wir gleichzeitig das *Bewusstseinsexperiment erwachende Erde* – was zu beispiellosen Herausforderungen und Wachstumschancen führt.

---

3   Wer in einer Suchmaschine „earth changes photon belt" oder verwandte Begriffe eingibt, findet hierzu viele Theorien.

Auch wer sich noch nie mit diesen Fragen aus einer meta-physischen Perspektive befasst hat, kann doch die Auswirkungen der skizzierten Prozesse in den Nachrichten verfolgen. Wo immer man hinschaut, scheinen die etablierten Strukturen dieser Welt in Auflösung begriffen zu sein. Selbst die scheinbare Zuname autoritärer und rigider Strukturen, wie sie ebenfalls gegenwärtig in vielen Ländern zu verzeichnen ist, kann als Gegen- oder Abwehrbewegung gegen die globalen Chaotisierungs- und Auflösungstendenzen verstanden werden. Nicht nur die ökonomischen, politischen und militärischen Allianzen und Regelwerke scheinen im Umbruch oder in Auflösung begriffen, auch die klimatischen Bedingungen werden zunehmend unberechenbarer, während die geophysikalische Unruhe (z.B. Vulkane, Erdbeben, Magnetfeldveränderungen) zuzunehmen scheint.

Ob man es nun von einer rein irdisch-politisch-materiellen Warte aus betrachtet, oder aus einer metaphysischen Perspektive: Die alte Ordnung löst sich auf und das Chaos nimmt, zumindest übergangsweise, zu.

Wir sind in einem risikoreichen und oftmals schmerzhaften Geburtsprozess begriffen, an dessen Ende eine neue Welt mit bislang unbekannten Strukturen und Eigenschaften stehen wird.

Wie wir von Seiten der aufgestiegenen Meister immer wieder zu hören bekommen, löst sich die *dritte Dimension*[4] auf. Was das genau bedeutet, sind wir dabei, herauszufinden. In jedem Fall geht es um die Auflösung überkommener Denk-, Fühl,- und Handlungsmuster, die mit dem Zufluss höherfrequenten Lichts nicht mehr kompatibel sind. Die Tendenz geht vom grobstofflichen zum feinstofflichen, ana-

---

4   In diesem Zusammenhang bezieht sich der Begriff auf die energetischen Muster und Strukturen, wie sie seit Menschengedenken auf der Erde vorherrschen.

log der Umwandlung einer Substanz von einem festen in einen weniger festen Aggregatzustand.

In grauer Vorzeit, die im Bewusstsein der Menschheit höchstens als Mythen noch erkennbare Spuren hinterlassen hat, war dieser Planet ein feinstofflicher Lebensraum, in dem Lichtwesen existierten, deren Eigenschaften eher den Elfen, Feen oder Engeln glichen, als dem grobstofflichen Menschen heutiger Prägung.

Wir sind dabei, die lange Zeit des Abstiegs in das Dunkel der Verdichtung zu überwinden und kollektiv und global wieder leichter und lichter zu werden. Der Weg zurück ins Licht – zur Erleuchtung – ist die individuelle Aufgabe eines Jeden und die kollektive Aufgabe der Menschheit als Ganzer. Dieser Prozess erfolgt im Zusammenspiel mit Mutter Erde, die ihrerseits dabei ist aus ihrem Schlummer zu erwachen.

Kapitel 11

Licht und Schatten

Wir hatten bereits angesprochen, dass unser Planet und seine Bewohner von zunehmend höher-frequentem Licht durchflutet werden. Daraus leiten sich viele Folgen ab, die man in einem Satz so zusammenfassen könnte: *Wo mehr Licht ist, ist mehr Schatten.* Das bedeutet, dass nieder-frequente Energien, die Ausdruck in disharmonischen Strukturen und Mustern gefunden haben, sich deutlicher bemerkbar machen. Das hellere Licht bringt alles zum Vorschein, was in der Vergangenheit vielleicht noch unter den Teppich gekehrt werden konnte. Als Beispiel seien hier die *Panama-Papiere* oder die Aufdeckung systemischen Missbrauchs von Kindern oder Frauen genannt.

Es sind aber nicht nur Mediengrößen, korrupte Politiker, Steuerhinterzieher oder Kirchenfürsten, die sich mit ihren Schatten auseinandersetzen müssen. Die Ausleuchtung unserer inneren Verliese und Schmuddelecken ist eine unangenehme Aufgabe, zu der ein jeder Mensch angehalten wird. Das Licht ist diesbezüglich schonungslos.

Die politischen Konflikte und Polarisierungen, die sich in vielen Ländern zu vertiefen scheinen, sind sichtbarer Ausdruck dieser Dynamik: Wir versuchen unseren Schatten auf unsere Gegner (Andersgläubige, Migranten, Feinde, Fremde, Homosexuelle usw.) zu projizieren, den Schatten also durch Abspaltung auszulagern. Dabei ist *alles*, was wir in unseren Gegnern ablehnen, auch in uns selbst zu finden.

Der Krieg zwischen den Kräften des Lichts und des Dunkels, der unseren politischen Diskurs zu bestimmen scheint, ist letztlich immer ein „Bürgerkrieg" in jedem Einzelnen, in uns selbst. Wie die aufgestiegenen Meister immer wieder betonen, *Armageddon*[5] *findet im Inneren statt*, in jedem von uns. Deshalb werden wir uns auch in diesem Buch mit unseren inneren Schlachtfeldern genauer beschäftigen müssen.

---

5   Bibel, Offenbarung des Johannes, 16,16

Kapitel 12

Die Tricks des Egos

Wir leben im Treppenhaus. In jedem Moment gehen wir entweder die Schwingungstreppe hinauf oder herunter; ein Plateau, einen Stillstand, gibt es nicht. Als Lichtwesen bewegen wir uns zwischen den Polen der *Expansion* und der *Kontraktion*. Die Expansion wird in seiner einfachsten und fundamentalsten Form als Liebe erlebt, die Kontraktion dagegen als Angst. Angst führt zur Verengung (lat. *angina),* Liebe dagegen zur Öffnung unseres Herzens. Entsprechend gibt es in jedem von uns zwei konkurrierende Machtzentren, unser Herz und unseren Verstand. Letzterer steht meist im Dienste des *Egos.*

Als Ego bezeichne ich unser menschliches Betriebssystem, d.h., die grundlegenden Programme, die unseren Denkapparat lenken. Im Laufe der Bewusstseinsentwicklung des Menschen hat sich das Ego eingeschlichen und festgesetzt, ähnlich einem Schadprogramm, das sich eines Computers bemächtigt hat und diesen in seinen Dienst stellt.[6] Die Übernahme unseres Denkapparates durch dieses Schadprogramm ist fast vollständig, weshalb es großer Mühe und genauen Hinsehens bedarf, sich vom Diktat des Egos zu befreien.

Die Eigenschaften und Tricks des Egos werden im Folgenden näher beleuchtet.

---

6   Eine treffende Illustration der Arbeitsweise des Egos finden wir im computeranimierten Film *Die Monster AG* (2001).

Zunächst müssen wir klarstellen, dass das Ego nicht unser Freund ist. Es versucht uns zwar einzureden, dass es uns dient und unsere Interessen vertritt, in Wirklichkeit ist es aber nur an seiner eigenen Wichtigkeit interessiert. Es flüstert uns fortlaufend ein, *hör auf mich, ich schütze dich.* Dabei bedient es sich unserer angeborenen Angstbereitschaft, auch wenn die Gefahren, vor denen das Ego uns zu schützen vorgibt, imaginär sein mögen.

Was ist wenn?

Eine wesentliche Säule der Macht, die das Ego über uns ausübt, ist der Satz, *was ist wenn...* Diese Denkfigur veranlasst uns, uns fortlaufend mit Zukunftsängsten und Sorgen zu befassen. Wir denken uns Szenarien aus und planen Abwehrstrategien für imaginäre Ereignisse. Die Erfahrungstatsache, dass es in der Regel anders kommt, als man denkt, wird dabei geflissentlich ignoriert. Warum sollte ich mit Lebensmut und Gottvertrauen das Hier und Jetzt meines Lebens genießen, wenn ich mich doch so schön verrückt machen kann mit Ängsten und Sorgen über potentielle zukünftige Ereignisse?

Wenn sich dann Ereignisse einstellen, die unsere Ängste und Sorgen bestätigen, verkauft das Ego uns dies als Beweis seiner Richtigkeit und Wichtigkeit. Es verschweigt dabei jedoch den Effekt der *Sich-selbst-erfüllenden-Prophezeiung*, denn unsere Gedanken haben das Potential sich zu manifestieren, besonders wenn diese durch Emotionen, z.B. Ängste, aufgeladen werden. Es handelt sich dabei also um einen Taschenspielertrick des Egos, das uns weismachen will, uns gegen Gefahren zu schützen, die es sich großenteils selbst ausgedacht oder an deren Manifestation es fleißig mitgewirkt hat.

Aber...

Neben dem *Wenn* ist ein weiteres Lieblingswort des Egos das *Aber*. Unter seinem Einfluss sind wir alle aber-gläubig geworden. Denn wenn ein Gedanke mit dem Wort *aber* beginnt, gehen wir den Lockungen des Ego nur zu gerne auf den Leim. „Es stimmt, es geht uns gut, aber..." – „Ich weiß, ich sollte mich gesund ernähren, aber..." Dabei ist es eigentlich egal, was nach dem aber kommt, solange das Ego unsere Aufmerksamkeit in Beschlag genommen hat und dadurch sein Geltungsbedürfnis befriedigt.

Das ist nicht gerecht!

Eine weitere beliebte Denkfigur, mit der uns das Ego in den Bann zieht, ist der Satz, „Das ist nicht gerecht!" Mit diesem Gedanken mögen diverse Gefühle einhergehen, wie z.B. Wut, Ohnmacht, Ressentiments oder Groll, Gefühle des Opferseins oder des Zukurzgekommenseins usw. Was uns das Ego jedoch verschweigt, ist, dass wir Menschen an Gerechtigkeit gar nicht interessiert sind. Denn wenn wir das größte Stück Kuchen abbekommen oder mehr Gehalt nach Hause tragen, als der Kollege, dann regt uns das gar nicht weiter auf. Einen Vorteil zu unseren Gunsten nehmen wir gerne an, nur wenn wir uns benachteiligt fühlen, geht es plötzlich um „Gerechtigkeit."

Vergleichen

Und dann gibt es noch den beliebten Volkssport des Vergleichens. Das Ego fasziniert uns mit einer unendlichen Abfolge von vergleichenden Bewertungen: Er hat mehr Geld als ich, sie hat die bessere Figur, ich bin intelligenter, er ist sportlicher, sie ist schlanker, dümmer, faltiger, hübscher, heute bin ich fetter als früher, aber nicht so fett wie mein

Bruder usw. Wo immer wir anderen Menschen begegnen (oder auch uns selbst im Spiegel), das Bewerten und Vergleichen folgt sofort und automatisch – oftmals beinahe unbewusst. Dabei trägt die vergleichende Bewertung unserer selbst oder anderer zu Neid, Missgunst, Stolz, Arroganz, Angst, Scham, Einbildung, Einsamkeit, Depression und, ganz allgemein, Unglück bei. Die Kosten des Vergleichens sind dem Ego jedoch egal, solange es uns damit beschäftigen kann.

Ich, mein, mir, mich - wir, unser, uns

Ich versus Nicht-Ich und die Akzentuierung des kleinen Unterschiedes sind weitere Denkfiguren, die im Repertoire des Ego eine zentrale Rolle spielen. *Ich, mein, mir, mich* sind schon für Kleinkinder Lieblingsworte. Sie drücken Identifizierungen mit Gegenständen, Eigenschaften, Meinungen, Vorgeschichten und anderen identitätsstiftenden Quellen aus, die unser Ego nähren. Gleichzeitig bedeuten diese Bezüge auf uns selbst auch immer eine Abgrenzung vom Gegenüber, der als Nicht-Ich betrachtet wird.[7] Durch die Akzentuierung kleiner Unterschiede – die vom Ego betont werden, in Wirklichkeit aber trivial oder irrelevant sind – fühlen wir uns als etwas besonderes oder gar besseres.

Der gleiche Mechanismus kann auch auf Gruppen bezogen werden: *Wir, unser, uns* versus die anderen. *WIR* sind 1860 München vs. Bayern München, Katholiken vs. Protestanten, Bayern vs. Preußen, Unterfranken vs. Oberfranken, Klasse 5a vs. Klasse 5b – *Sigmund Freud* sprach vom *Narzissmus der kleinen Differenzen*. Das Ego verabreicht uns durch diese Identifizierungen und Abgrenzungen eine syn-

---

7   Unser unstillbares Bedürfnis nach Mode und einem persönlichen Stil, der in Wirklichkeit von anonymen Konzernen gelenkt wird, hat hierin seine Wurzeln.

thetische Selbstliebe-Droge, die uns fortlaufend in Abhängigkeit von der Bezugsquelle hält.

Geber und Nehmer von Selbstliebe

An dieser Stelle ist es an der Zeit auf eine weitere Machtposition einzugehen, die sich das Ego erschlichen hat, nämlich die des Gebers und Nehmers unserer Selbstliebe. Neben dem Ausnutzen unserer angeborenen Angstbereitschaft bezieht das Ego die meiste Macht durch das tröpfchenweise Zuteilen von Selbstliebe, sowie deren Entzug. Dabei geht es dem Ego wiederum nur um seine eigene Wichtigkeit und Machtposition, ob es uns dabei schlecht geht, ist ihm egal. Das vergleichende Bewerten ist deshalb so reizvoll, weil wir manchmal als Gewinner daraus hervorgehen, und manchmal als Verlierer. Das Ego ist dabei wie ein Aktienhändler: Egal, ob die Kurse steigen oder fallen, der Händler macht in jedem Fall einen Gewinn.

Willkürliche Kriterien

Das Zuteilen oder Entziehen von Selbstliebe ist immer an Kriterien gebunden. Diese Kriterien erhalten vom Ego das Gütesiegel der Verbindlichkeit und Rationalität, obwohl sie oft alles andere als verbindlich und rational sind. Unsere Werte und Kriterien sind in der Regel zeit- und situationsabhängig, subjektiv, und oft nicht allgemeingültig, unbegründet, oder logisch inkonsistent. Sie mögen sogar völliger Unsinn sein und unser Überleben in Frage stellen – wie zum Beispiel die verzerrte Körperwahrnehmung bei der Magersucht *(Anorexia nervosa)* – solange das Ego daraus Macht schöpfen kann, ist es ihm recht.

Verschiebung der Kriterien

Ein weiterer Taschenspielertrick des Egos ist das Verschieben der Torpfosten während des Spiels. Um unseren Selbstliebe-Spiegel zu halten, reicht es ja nicht aus, wenn wir einfach die Kriterien erfüllen, die in der Vergangenheit zu einer (begrenzten) Zuteilung von Selbstliebe geführt hatten. Denn das Ego ist gierig: es will immer mehr, genug ist nie genug. Damit wir uns bezüglich unserer selbst gut fühlen können, müssen wir Fortschritte machen, die Karriereleiter erklimmen, mehr Geld verdienen, mehr Anerkennung einheimsen, mehr Leistung erbringen, mehr abnehmen, ein besserer Mensch werden usw. Einfach nur *sein* ohne zu *streben* ist dem Ego ein existenzbedrohendes Gräuel gegen das es sich mit allen Tricks zur Wehr setzen wird.

Schadprogramm Ego

Zusammenfassend können wir wiederholen, dass das Ego nicht unser Freund ist. In der Tat ist dies Schadprogramm der Antrieb, der das Tier „Mensch" zum Krebsgeschwür der Erde gemacht hat. Dies klingt zugegeben etwas drastisch, aber keine weitere Spezies auf unserem Planeten ist aktiv damit beschäftigt, den eigenen Lebensraum und den aller anderen Lebewesen zu gefährden oder gar zu zerstören. Keine weitere Spezies hat sich so weit entfernt von den Gesetzen der Natur – die auf Harmonie, Balance und kosmischer Intelligenz basieren – wie der Mensch.

In jüngster Zeit gibt es vermehrt Stimmen, die vor den potentiellen Gefahren der künstlichen Intelligenz warnen. Auf diese Gefahren brauchen wir gar nicht zu warten, denn die Gefährdung, die vom Missbrauch unserer Denkfähigkeit durch das Schadprogramm Ego ausgeht, ist bereits allgegenwärtig, akut und lebensbedrohend. Mutter Erde ist sich der

Ernsthaftigkeit der Lage bewusst. Sie wacht gegenwärtig auf und wird die Krise überleben; ob dies auch für unsere Spezies gilt, wird sich zeigen.

Kapitel 13

Die Lehre des Herzens

Im vorherigen Kapitel hatten wir bereits gesagt: „Als Lichtwesen bewegen wir uns zwischen den Polen der *Expansion* und der *Kontraktion*. Angst führt zur Verengung, Liebe dagegen zur Öffnung unseres Herzens. Entsprechend gibt es in jedem von uns zwei konkurrierende Machtzentren, unser Herz und unseren Verstand."

Nachdem wir uns im vorherigen Kapitel mit dem vom Schadprogramm Ego gekaperten Verstand beschäftigten, wenden wir uns jetzt dem Herzen zu. Dabei ist natürlich nicht (nur) das physische Herz gemeint – welches *Woody Allen* so klassisch als „einen sehr widerstandsfähigen kleinen Muskel" bezeichnete – vielmehr geht es um das Herz-Chakra.

Chakra ist ein Wort aus dem Sanskrit und bedeutet Rad, in diesem Fall *Rad aus Licht*. Deren gibt es viele in unserem Energiekörper, doch meist sprechen wir von den sieben Hauptchakren entlang der Wirbelsäule.[8] Das Herz-Chakra ist das vierte Chakra, unter ihm und über ihm gibt es jeweils drei weitere Hauptchakren. Diese Position entspricht der zentralen Bedeutung des Herzens, nicht nur für unseren physischen, sondern auch für unseren energetischen Körper.

---

8   Diejenigen Leser, die sich noch nicht intensiver mit dem menschlichen Energiekörper befasst haben, können im Anhang einen kurzen Überblick finden über Chakren, Meridiane und die Aura. Vertrautheit mit der Anatomie des menschlichen Energiekörpers kann dabei helfen, die folgenden Ausführungen besser zu verstehen.

Thematisch geht es beim Herz-Chakra im Wesentlichen um Liebe. Außerdem ist dieses Energiezentrum das Tor zu unserer Totalität und die Antenne, mit der wir am besten die „stille Stimme unseres Herzens" und die Weisheit unserer Totalität wahrnehmen können. Diese Weisheit entspringt einer von Liebe geleiteten Allwissenheit, zu der ein jeder durch sein Herz Zugang hat. Der vom Ego gekaperte Verstand basiert dagegen auf von Angst geleiteter Unwissenheit. Welchem dieser beiden Machtzentren wir Aufmerksamkeit schenken, welchem Herren wir dienen wollen, ist eine Entscheidung, mit der jeder von uns wiederholt ringen muss.

Es ist allgemein bekannt, dass das Gehirn und das Herz elektromagnetische Energien abstrahlen, die z.B. durch EEGs oder EKGs gemessen werden können. Was vielleicht weniger bekannt ist, ist die Tatsache, dass die Stärke der vom Herzen ausgehenden Energien die des Gehirns um ein Vielfaches übersteigt. Und dies ist auch in metaphysischer Hinsicht zutreffend, denn das Herz-Chakra stellt eine direkte Brücke dar zwischen dem menschlichen Energiekörper, unserer Totalität und der unbegrenzten Quelle allen Lichts. Wenn wir unser Herz – und in der Folge den Rest unseres Energiekörpers – vollständig öffnen, haben wir Zugriff zur unbegrenzten Quelle von Energie, Liebe, Weisheit und kosmischer Intelligenz.

Der Verstand hat alle Fragen, das Herz kennt alle Antworten.

Um das Signal des Herzens vor dem Hintergrund der Störgeräusche des Verstandes heraushören zu können, bedarf es wiederholter Übung und disziplinierter Achtsamkeit. Aber es ist keine primär intellektuelle Übung um die es hier geht. Vielmehr geht es um die Einübung der Liebe, denn dies ist die Frequenz auf der unser Herz sendet und empfängt. Wenn wir mehr Liebe und weniger Angst in uns ver-spüren, fällt es uns leichter die Stimme des Herzens wahr-zunehmen.

Dabei ist von fundamentaler Bedeutung, dass es immer um beides geht: Liebe in der Beziehung zu anderen sowie in der Beziehung zu uns selbst. Diese Liebe (über die wir bereits im Kapitel 8 ausführlicher gesprochen haben) hat verschiedene Aspekte, die wir im Folgenden genauer betrachten wollen:

Aspekte der Liebe

- Bedingungslose Liebe: Dies ist die kosmische oder göttliche Liebe, die ohne Bedingungen, Erwartungen von Gegenleistungen und ohne zeitliche, inhaltliche oder direktionale Begrenzung gegeben wird. Wir können diese Liebe nicht verdienen oder verlieren, wir können sie nur zulassen und durch uns hindurch fließen lassen. Der Ursprung dieser Liebe ist die unbegrenzte Quelle, aus der alles Licht stammt.

- Akzeptanz: Hiermit ist eine liebevolle Annahme und Akzeptanz ohne Bewertung oder Verurteilung gemeint, die sich auf andere sowie auf uns selbst bezieht. (Um einem Missverständnis vorzubeugen: Wir werden nicht angehalten alle Verhaltensweisen eines anderen zu akzeptieren und dabei unser eigenes Licht zu verbiegen. Dies ist ein Thema, das weiter unten besprochen werden wird.)

- Mitgefühl: Hiermit ist nicht Mitleid gemeint, sondern die Einfühlung in uns selbst oder andere, das empathische Mitschwingen und die Überwindung der Illusion der Trennung, sei es von anderen oder von Aspekten und Anteilen unserer selbst.

- Nachsicht: Statt uns oder andere zu verurteilen, sollten wir Milde, Nachsicht, Vergebung und Verzeihung üben.

- Respekt: Wir selbst und alle anderen auch treffen oft Entscheidungen und Wahlen, deren Motive und tieferen Beweggründe uns unerklärlich bleiben. Auch wenn wir die Wahlen anderer – oder unsere eigenen Entscheidungen – nicht wirklich verstehen oder nachvollziehen können, sollten wir diese respektieren, denn diese liegen oft in der karmischen Vorgeschichte begründet und stehen im Dienste des Curriculums, das die Totalität für diese Inkarnation auf die Tagesordnung gesetzt hat.

Wenn wir nur diese einfachen Anleitungen – bedingungslose Liebe, Akzeptanz, Mitgefühl, Nachsicht und Respekt uns selbst und anderen gegenüber – beherzigen würden, könnten wir aus der Schule des Lebens mit einem glänzenden Abschlusszeugnis umgehend entlassen werden.

Kapitel 14

Dankbarkeit oder Bitterkeit

Ein weiteres Schlachtfeld – Armageddon findet im Inneren statt – ist das Ringen zwischen Bitterkeit und Dankbarkeit. Auch hier geht es um Manifestationen der polaren Gegensätze der Kontraktion bzw. der Expansion.

Bitterkeit und ein gewisser „Groll gegen das Leben" sind sehr weit verbreitete Grundhaltungen, die sich in vielen Menschen eingenistet haben. Dahinter steckt die fundamentale Annahme, dass uns etwas schuldig geblieben ist, auf das wir meinen ein Anrecht zu haben. Wir nähren diesen Groll und pflegen unsere Bitterkeit, wenn wir uns „ungerecht behandelt" oder zu kurz gekommen fühlen. Dies mag davon ausgelöst sein, dass wir als Kind nicht so geliebt wurden, wie wir es für angemessen hielten (besonders im Vergleich zu unseren Geschwistern), dass wir nicht die Anerkennung oder Beachtung bekommen, die uns zusteht, oder dass uns der Wohlstand, die Gesundheit, der Status o.ä. vorenthalten wird, den wir verdient haben.

Diese Bitterkeit schleicht sich oft fast unbemerkt ein, bis sie immer mehr Raum in unserem Denken und Fühlen einnimmt und unsere Seele tiefgreifend vergiftet. Sie ist verwurzelt im Gefühl des *Mangels*, gepaart mit Anspruchsdenken und dem Gefühl, Opfer von Ungerechtigkeiten zu sein. Dabei sollten wir uns klarmachen, dass uns das Leben *gar nichts* schuldet. Alles, was uns gegeben wird, ist ein Geschenk.

Deshalb ist die beste Medizin gegen Bitterkeit die Dankbarkeit. Beide können nicht gleichzeitig empfunden werden: wo es Bitterkeit gibt, gibt es keine Dankbarkeit; wo es Dankbarkeit gibt, gibt es keine Bitterkeit. Wenn wir das Leben aus der Grundhaltung der Fülle und der Dankbarkeit erfahren, öffnet sich dadurch unser Herz, was wiederum Tür und Tor öffnet für mehr Geschenke, Fülle und Dankbarkeit.

Dankbarkeit ist nicht nur eine philosophische Grundeinstellung, sondern darüber hinaus eine höher-frequente, heilende Energie. Diese können wir zu unseren Gunsten auch dann aktivieren, wenn wir scheinbar keinen Grund zur Dankbarkeit haben, in ähnlicher Weise, wie wir grundlose Freude empfinden können. Wem jedoch dieser „fortgeschrittene" Umgang mit Dankbarkeit noch schwerfällt, kann sich mit ein wenig Nachdenken all der Geschenke und Reichtümer gewahr werden, die in eines jeden Menschen Leben zu finden sind. Es ist alles eine Frage der Wahrnehmung, die wir entsprechend einüben können. Zu diesem Zweck hat sich ein Dankbarkeitstagebuch als wirksames Instrument erwiesen.[9]

---

9 Z.B.: https://zeitzuleben.de/dankbarkeitstagebuch/

Kapitel 15

Opfer oder Schöpfer

Ein weiteres populäres Denkmuster, das es zu hinterfragen gilt, ist das weitverbreitete Opferbewusstsein. Grob über den Daumen gepeilt interpretieren mindestens 95% der Menschheit das Leben aus der Opferperspektive: Wir sind Opfer der bösen Schwiegermutter, der mobbenden Arbeitskollegen, der neidischen Nachbarn, der Umstände, des Schicksals, der Krankheit, der Justiz, der Ärzte, Asylanten, Terroristen, Kommunisten, Kapitalisten, Shiiten, Sunniten, Katholiken, Juden, Schwarzen, Weißen – jeder hat gute Gründe, sich vom Leben, den Anderen und den Umständen bedroht oder ungerecht behandelt zu fühlen. In der Tat gibt es kaum mächtigere Motivatoren, als die Überzeugung, Opfer zu sein, wie sie zum Beispiel von Terroristen als Rechtfertigung ihrer Gräueltaten gepflegt wird. So können jede Art von Grausamkeit und Niedertracht gerechtfertigt werden, denn wir wehren uns nur und uns bleibt keine andere Wahl.

Aber auch im alltäglichen Wahnsinn hat die Opferperspektive seine Vorteile, besonders für unser Ego: Zum Ersten wird unser Ärger gerechtfertigt, was wiederum das Gefühl des Getrennt-Seins akzentuiert. Dann gibt es einen Grund zur Angst – das Ego sucht immer nach Gründen zur Angst – denn wenn wir einmal Opfer geworden sind, dann kann es ein zweites Mal passieren, und dagegen muss uns das Ego schützen. Und dann entledige ich mich jeder Verantwortung für mein Unglücklichsein, denn es ist ja nicht meine Schuld, sondern mir ist etwas von Außen zugestoßen.

So populär diese Denkmuster sind, so sind sie doch von Grund auf falsch. Sie leugnen die fundamentale Tatsache, dass wir alle *souveräne Lichtwesen* sind, die nicht Opfer, sondern *Schöpfer* unserer Erfahrungen sind. Als Lichtwesen sind wir nicht Zufällen oder Umständen unterworfen, sondern nehmen an einem vielschichtigen Schauspiel teil, in dem wir Autor, Regisseur und Darsteller zugleich sind.

Stellen wir uns vor im Kino zu sitzen. Wir werden vom flackernden Geschehen auf der Leinwand in den Bann geschlagen. Wenn am Ende dann das Licht angeht, müssen wir jedoch feststellen, dass die Leinwand leer und weiß ist; sie weist keine Spur des Dramas auf, das uns noch wenige Minuten zuvor schwitzende Hände, tränende Augen oder einen beschleunigten Herzschlag beschert hatte. In der Tat ist es der Leinwand egal, ob der nächste Film ein Western, ein Kriegsfilm, ein Liebesdrama oder ein Porno ist.

Unsere Sinne projizieren uns die Illusion, dass der Film auf der Leinwand stattfindet. Wenn wir erkennen wollen, wo der Film in Wirklichkeit passiert, müssen wir die Blickrichtung umkehren und uns den Filmprojektor anschauen. Dieser besteht, vereinfacht ausgedrückt, aus einer Quelle weißen Lichts (der Glühbirne), einigen Linsen zum Bündeln des Lichts und einem beweglichen Filter, dem Zelluloidstreifen. Was auf der Leinwand erscheint, hängt einzig davon ab, welche Filter vor dem weißen Licht laufen. Das weiße Licht im Projektor und die weiße Leinwand unterstützen alle möglichen Projektionen. Es kommt nur auf den Filmstreifen an.

Als souveräne Lichtwesen haben wir die freie Wahl, welche Projektionen wir auf die Leinwand unseres Lebens werfen. Wie wir das weiße Licht aus der unbegrenzten Quelle nutzen, hängt von unseren Gedanken und Gefühlen ab, die dieses Licht wie ein unendlicher Zelluloidstreifen filtern und brechen.

In Zusammenarbeit mit unserer Totalität sind wir Drehbuchautor, Regisseur und Schauspieler in unserem privaten Kino. In aller Regel vergessen wir den wahren Ursprung unserer Kreationen jedoch und lassen uns von unseren Sinnen und Denkgewohnheiten dazu verleiten das Drama im Außen wahrzunehmen. Diese Illusion nährt dann die Opfer-Perspektive und leugnet unsere Macht als souveräne Schöpfer.

Selbst wenn wir Erfahrungen als „Opfer" zum Inhalt unseres Lebensfilms machen, so sind dies doch souveräne Entscheidungen, die wir auf den verschiedensten Bewusstseinsebenen und aus den verschiedensten karmischen Beweggründen, treffen. Wir können unsere Souveränität als Schöpfer also dazu nutzen uns zum Opfer zu machen, aber diese Souveränität abtreten können wir nicht.

Kapitel 16

Ärger

Ärger, Wut, Zorn, „gereizte Empörung" und Groll sind verschiedene Geschmacksrichtungen einer Grundenergie, die wir zusammenfassend *Ärger* nennen können. Beim Groll geht es um chronischen Ärger gemischt mit Bitterkeit. Bei der „gereizten Empörung" (im Englischen spricht man von *exasperation,* wofür es im Deutschen keine genaue Entsprechung gibt), handelt es sich eher um Ärger gemischt mit Verurteilungen.

Ärger entsteht, wenn wir uns bedroht fühlen. Wir mögen uns physisch bedroht fühlen, materiell oder eher emotional, z.B. wenn unsere Rechte oder Ansprüche, unser Ansehen, unsere Ehre, unsere Männlichkeit oder unser Selbstwert bedroht werden. Bei genauerem Hinschauen ist die Wurzel von Ärger also Angst.

Um Angst in Ärger umschlagen zu lassen, braucht es jedoch eine weitere Zutat: Die Opfer-Perspektive. Damit ist die Vorstellung gemeint, dass man Opfer eines Angriffs von außen geworden ist; die Bedrohung wird also als externe erlebt. Die Opfer-Perspektive übersieht dabei, dass *wir* es sind, die bestimmen, wie wir ein Ereignis interpretieren und bewerten. *Wir* treffen die Entscheidung uns bedroht zu fühlen und uns dann zu ärgern. Letztlich sind wir also nicht das Opfer des bösen Mitmenschen, sondern das unserer eigenen Gedanken, Gefühle und Interpretationen. Was wie ein Angriff von außen erscheint, ist in Wirklichkeit ein Angriff von innen.

Wenn wir die Wurzeln unseres Ärgers verstehen möchten, sollten wir uns über die dahinter liegende Angst Klarheit verschaffen. Welcher Teil von uns fühlt sich bedroht? Oft sind es weniger äußere Bedrohungen, die in uns Ärger auslösen, als Angriffe auf unseren Selbstwert. So mögen wir uns z.b. von anderen nicht anerkannt oder zu unrecht kritisiert, lächerlich oder kleingemacht fühlen.

Diese Anfeindungen von außen sind aber an zwei innere Bedingungen geknüpft: Erstens müssen wir dem Anderen die Macht zusprechen, unseren Selbstwert zu bestimmen. Dadurch verleugnen wir unsere Souveränität als Schöpfer und machen uns – durch unsere freie Entscheidung – zum Opfer.

Zweitens braucht es eine innere Resonanz, damit die Anfeindung in uns ein Echo auslösen kann. Oder umgekehrt: Was wir von außen zu hören bekommen, ist i.d.R. das Echo einer Stimme, die wir auch im Inneren finden können. Die Kritik von außen ist also ein Spiegel der Kritik, die wir uns selbst gegenüber empfinden. Ohne diese Entsprechung in uns gäbe es keine Empfänglichkeit für die Anfeindungen von außen.

Was bedeutet dies für den Umgang mit Ärger? Zunächst müssen wir uns an unsere Souveränität erinnern. Niemand hat die Macht unseren Selbstwert zu bestimmen, es sei denn, wir bevollmächtigen ihn in freier Entscheidung. Erinnern wir uns weiterhin daran, dass wir Herr im eigenen Hause sind. Wenn in unserem Hause selbstfeindliche Anteile und harsche innere Kritiker ihr Unwesen treiben, dann sollten wir uns dieser in liebevoller und heilender Weise annehmen. Wer den inneren Kritiker befrieden kann, muss äußere Kritiker nicht fürchten.

Kapitel 17

Karma und Wahlfreiheit

An dieser Stelle ist es an der Zeit uns ausführlicher mit dem Thema *Karma* und *Wahlfreiheit* zu befassen. Die Lehre vom Karma ist untrennbar verwoben mit der Idee der Schule des Lebens, die wir in wiederholten Inkarnationen auf Erden besuchen. Dabei handelt es sich um ein Prinzip, dessen Gültigkeit wir immer wieder auf die Probe zu stellen versucht sind.

Zunächst ist es wichtig zu begreifen, dass es beim Gesetz des Karmas nicht um Belohnung oder Bestrafung geht, sondern – ganz sachlich und nüchtern – um Ausgleich und Balance. (Das ganze Universum unterliegt den Gesetzen von Ausgleich und Balance, sonst gäbe es keine Naturgesetze und keine Schöpfung, sondern ausschließlich Chaos.)

Stattdessen beschreibt das Gesetz des Karmas eine fundamentale Gesetzmäßigkeit, nämlich die von Ursache und Wirkung; *Actio* und *Reactio*[10]; „wie man in den Wald hineinruft, so schallt es heraus"; „man erntet, was man sät".

Der Bezug zum vorhergehenden Kapitel wird schnell deutlich: Solange wir uns als Opfer und nicht als Schöpfer begreifen, fällt es uns schwer, die Ursache und Verantwortung für unsere Erfahrungen bei uns selbst zu suchen. Auf

---

10 Das Prinzip von *Actio und Reactio* besagt, dass bei der Wechselwirkung zwischen zwei Körpern jede Aktion gleichzeitig eine gleich große Reaktion erzeugt, die auf den Verursacher der Aktion zurückwirkt. Dies ist das dritte newtonsche Axiom und Teil der Newtonschen Gesetze.

diese Weise blockieren wir das Lernen bezüglich Ursache und Wirkung, *Actio* und *Reactio*. Und je langsamer wir diese Gesetzmäßigkeit begreifen, je mehr karmische Altlasten häufen wir an. Diese müssen wir dann, zwecks Ausgleich und Balance, zu späteren Zeitpunkten oder in anderen Inkarnationen abarbeiten, indem wir die andere Seite der Medaille erfahren.

Karma ist also vergleichbar mit einem Naturgesetz, wie z.B. dem Gesetz der Schwerkraft, das sich ja auch von alleine durchsetzt. Wir müssen nichts dafür tun, dass ein Gegenstand zu Boden fällt, und fast so automatisch funktioniert das mit dem Karma auch. Karmische Balance und Ausgleich schaffen auf lange Sicht Gerechtigkeit, ohne dass wir uns darum kümmern müssten.

Wenn Menschen versuchen die Idee des Karmas zu verstehen, kommen sie leicht zu dem Schluss, dass alles karmisch vorherbestimmt ist, weshalb wir keine andere Wahl haben, als geduldig unser Schicksal zu ertragen. Wie verträgt sich dann die beinahe naturgesetzliche Wirkung des Karmas – dessen Wurzeln häufig in Entscheidungen aus früheren Inkarnation begründet sind – mit der Aussage, dass wir souveräne Lichtwesen und Schöpfer unserer Erfahrungen sind? Letzteres impliziert nämlich, dass wir Wahlfreiheit haben, also einen freien Willen, mit dem wir unser Leben gestalten können. Steht dies nicht im Gegensatz zu der Idee, dass wir karmische Altlasten abarbeiten müssen, egal ob wir wissen, woher diese stammen?

Hier sind zwei Punkte zu beachten: Erstens erstreckt sich unsere Wahlfreiheit auf alle Inkarnationen, nicht nur auf die gegenwärtige, und wenn wir auch in diesem Leben nicht die Wahlen getroffen haben mögen, deren Wirkungen wir jetzt erfahren, so sind dies doch die Reaktionen auf unsere Aktionen.

Zweitens ist das Gesetz des Karmas nachrangig zum Gesetz des freien Willens, denn beim Karma geht es nicht um Belohnung oder Strafe, sondern ums Lernen. Unsere karmischen Erfahrungen stehen also immer im Dienste unserer Lernprozesse, die von unserer Totalität orchestriert werden. Unsere Totalität ist grundsätzlich nicht an unserer Bequemlichkeit interessiert, sondern an unserem Wachstum. Sie wählt alle karmischen Erfahrungen in Hinblick auf dieses Ziel. Deshalb ist alles Karma *Selbstkarma*, das nicht von einem göttlichen Gericht, sondern von unserer eigenen Totalität beschlossen wird.

Wenn wir aber das Lernziel erreicht haben, fällt der Grund weg, der uns ans Karma bindet. Wir können uns also selbst in jedem Moment begnadigen und von den karmischen Altlasten befreien. Dies setzt nur voraus, dass wir die Lehren angenommen haben, die uns die karmische Erfahrung vermitteln sollte. Jeder Schritt in Richtung bedingungsloser Liebe, Akzeptanz, Mitgefühl, Nachsicht und Respekt ist ein Schritt heraus aus dem karmischen Gefängnis, in das wir uns selbst eingeschlossen haben. Der Schlüssel zu diesem Verlies liegt immer in unserer Hand – schließlich sind wir souveräne Lichtwesen.

Kapitel 18

Trennung oder Einheit

Wir hatten im vorherigen Kapitel festgestellt, *alles Karma ist Selbstkarma*. Dieser Satz trifft auch deshalb zu, weil jede *Actio* für oder gegen einen Anderen auch eine *Actio* für oder gegen uns selbst darstellt.[11] Warum? Weil es in Wirklichkeit keine echte Trennung zwischen *mir* und *nicht-mir* gibt. Alles ist Eins, *Aum*, aus dem gleichen Licht geformt und aus der gleichen Quelle kommend. Die Idee der Trennung in *Innen* und *Außen*, wie sie von unseren externen Sinnen projiziert wird, ist eine Illusion. Wenn wir unsere übersinnliche Wahrnehmung aktivieren und uns durch unser intuitives Wissen leiten lassen, erkennen wir den wahren Charakter der Wirklichkeit: Alles ist Eins. Es gibt keine festen Grenzen zwischen *mir* und *nicht-mir;* das gleiche Licht durchfließt die gesamte Schöpfung.

Wenn ein Mensch einen anderen verletzt oder gar tötet, schadet er sich selbst aus karmischer Sicht oft mehr, als seinem Opfer. Auf den mittleren Bewusstseinsebenen (zwischen dem menschlichen und dem göttlichen Bewusstsein), wenn die Seele ihre Taten Revue passieren lässt – und das geschieht spätestens kurz nach dem Tod – erlebt diese oft Entsetzen und tiefe Reue bezüglich der karmischen Verletzungen, die in der abgeschlossenen Inkarnation begangen wurden. Dies verleitet dann zu dem Entschluss, durch die Erfahrung der anderen Seite in nachfolgenden Inkarnationen das Karma abzubüßen und auszugleichen.

---

11 Hier kommt eine Bibelstelle in den Sinn, die einen verwandten Grundgedanken vermittelt: „Was ihr für einen meiner geringsten Brüder getan habt, das habt ihr mir getan. Was ihr für einen dieser Geringsten nicht getan habt, das habt ihr auch mir nicht getan." (Mt 25, 40+45)

Kurz zur Klarstellung: Wir sind omni-dimensionale Lichtwesen, die auf vielen Bewusstseinsebenen existieren und Wahlen treffen. Es sind die „mittleren" Ebenen, auf denen das freiwillige Erleben ausgleichender karmischer Erfahrungen akzeptiert wird, also Ebenen, auf denen wir noch nicht vollständig die Idee allumfassender Liebe und Vergebung für uns selbst (und andere) begriffen haben. Auf den höheren Bewusstseinsebenen ist die Anerkennung des Eins-Seins mit allen und allem vollständig verstanden, weshalb die höheren Bewusstseinsebenen nicht mehr der karmischen Dynamik unterworfen sind. Denn wenn wir erkennen, dass wir durch karmische Verletzungen nicht nur andere, sondern *uns selbst* verletzt haben, gibt es nichts mehr abzubüßen oder auszugleichen. Das einzige, was uns übrig bleibt, ist bedingungslose Liebe, Akzeptanz und Vergebung für alle Beteiligten im karmischen Drama.

Kapitel 19

Bewertungen und Verurteilungen

Das Ego lebt von der Vorstellung der Trennung und arbeitet aktiv daran, dass wir uns als von anderen getrennt und anders empfinden. Dabei verfolgt das Ego nicht nur die Trennung zwischen zwei Menschen, sondern auch die innerhalb eines Menschen. Zu diesen Zwecken benutzt es die Instrumente der Bewertung und (Selbst-) Verurteilung. Genau wie Liebe, Akzeptanz, Nachsicht, Mitgefühl usw. sich immer auf uns selbst sowie auf andere bezieht, so ist es auch mit Bewertungen und Verurteilungen. Alles, was wir in anderen ablehnen und verurteilen, können wir – wenn wir denn ehrlich sind – auch in uns selbst finden. Da wir uns selbst jedoch sehr oft höchst kritisch gegenüberstehen, neigen wir dazu, unseren eigenen Schatten zu leugnen und auf andere zu projizieren. So gelingt es uns kurzfristig unseren Selbstwert aufzuwerten, indem wir andere abwerten. Der Preis, den wir unweigerlich zahlen, ist eine Entfremdung von uns selbst und die Angst, dass wir oder andere die verurteilten Eigenschaften auch in uns finden könnten. Trennung und Abspaltung durch Verurteilung und Bewertung erzeugt Angst, was das Ego nährt und den Kreislauf in Gang hält.

Wie können wir uns aus dem selbstgebauten Gefängnis der Angst, Bewertung und Verurteilung befreien? In dem wir uns achtsam selbst beobachten und dabei erwischen, wenn in uns das Bedürfnis geweckt wird, andere oder uns selbst zu verurteilen. Dies passiert wahrscheinlich viele Male pro Tag, deshalb ist eine disziplinierte Wachsamkeit und Ehrlichkeit unabdingbar.

Das Ego lockt uns immer wieder mit einem kurzfristigen Gewinn an Selbstwert, den wir mit einer Verengung unseres Herzens und einer gesteigerten Angst und (Selbst-) Kritikbereitschaft bezahlen. Die wirksamste Medizin ist – wie in allen Fällen – Liebe, Akzeptanz, Nachsicht, Mitgefühl und Respekt. Indem wir bewusst unser Herz öffnen und der Verlockung des Egos ein Gefühl der Einheit entgegensetzen, ebnen wir den Weg zu seelischem Wachstum und innerem Frieden.

Das Ego gibt sich aber nicht leicht geschlagen, denn wenn wir anerkennen müssen in uns die gleichen Eigenschaften, Schwächen, Begierden oder Impulse zu haben, die wir in anderen verurteilen, wendet es sich gegen uns: Statt Selbstwert zu generieren, mobilisiert es den inneren Kritiker, der uns mit (mindestens) der gleichen Entwertung bestraft, wie wir sie für andere vorgesehen hatten. [12]

Solange wir der Neigung zu Bewertungen und Verurteilungen nachgeben, geben wir unserem Ego die Macht, über den Gewinn oder Verlust unseres Selbstwertes zu entscheiden.

---

12 Auch hier kommt wieder eine Bibelstelle in den Sinn, die sich zum Thema des Bewertens und Verurteilens klar äußert: „Richtet nicht, damit ihr nicht gerichtet werdet! Denn wie ihr richtet, so werdet ihr gerichtet werden und nach dem Maß, mit dem ihr messt, werdet ihr gemessen werden. Warum siehst du den Splitter im Auge deines Bruders, aber den Balken in deinem Auge bemerkst du nicht?" (Mt 7, 1-3)

Kapitel 20

Hass und Selbsthass

In diesem Zusammenhang müssen wir auch auf eine Form des extremen Verurteilens eingehen, die sich im Hass manifestiert. Hass und Selbsthass gehören zu den dunkelsten inneren Zuständen, zu denen der Mensch fähig ist. Darüber zu schreiben (oder zu lesen), löst bereits eine emotionale Reaktion aus. Wer mag sich schon mit diesem Thema befassen?

Hass ist eine ansteckende und verführerische Energie, die eine sogartige Dynamik entfalten kann. Wie die dunklen Kapitel der Geschichte und die Schmuddelecken des Internets verdeutlichen, ist die menschliche Bereitschaft zum Hass ein Phänomen, dem wir ins Gesicht zu schauen haben. Ähnlich der Bereitschaft zur Angst und zur Gier gehört Hass zu den Schattenseiten der Menschheit. Wir alle sollten uns damit auseinandersetzen, auch wenn wir glauben möchten, dass wir selbst darüber erhaben sind.

Selbsthass ist die andere Seite der Medaille. In seiner mildesten Form mag er sich in negativer Selbstkommunikation ausdrücken, z.B. „ich bin hässlich/fett/dumm/nicht liebenswert". Selbsthass kann sich aber auch physisch in selbstschädigenden Verhaltensweisen, Selbstverletzungen (z.B. Ritzen oder Verbrennen) oder gar Suizid manifestieren.

Häufig sind Menschen besonders anfällig für Hass gegen andere, wenn sie von Selbsthass und einem verschlossenen Herzen belastet sind. Der auf andere gerichtete Hass erlaubt es ihnen, die abgelehnten Anteile in sich selbst nach außen zu projizieren (zu *externalisieren*) und damit den prekären Selbstwert vor selbsterzeugten Anfeindungen zu schützen.

Hass und Selbsthass stellen eine enorme Herausforderung dar, tiefe spirituelle Ressourcen zu mobilisieren. „Das Höhere wandelt das Niedere um", wenn wir Hass oder Selbsthass mit Vergebung, Verzeihung, Nachsicht, Akzeptanz und unbedingter Liebe begegnen können. Die dunkelsten Schattenseiten des Egos verlangen nach dem meisten Licht.

Kapitel 21

Das Suchtmodell des Egos

Wir hatten das Ego als ein Schadprogramm bezeichnet, welches sich unseres Denkapparates bemächtigt hat. Um diese Entwicklung besser zu verstehen, bietet es sich an auf das Suchtmodell zurückzugreifen.

Süchte können verschiedenste Formen annehmen, z.B. Alkohol- oder Drogensucht, Spielsucht, Sexsucht, Kaufsucht usw. Grob gesprochen können wir stoffbezogene und verhaltensbezogene Süchte unterscheiden. Allen Süchten ist gemein, dass sie den Zweck haben, innere Zustände zu manipulieren, bzw. deren Wahrnehmung zu vermeiden.

Allen Süchten ist ebenfalls gemein, dass sie mit Belohnung und Entzug arbeiten, zwei Komponenten, die sich im Entwicklungsverlauf von Süchten oft verschieben: Zunächst steht das Empfinden einer Belohnung im Vordergrund (z.B., man fühlt sich nach dem Konsum von Alkohol entspannter), später geht es mehr um die Vermeidung von Entzugssymptomen (z.B., innere Unruhe, Zittern, Schwitzen usw.).

Jeder Mensch hat eine Neigung zur Entwicklung von Süchten. Manche haben ausgeprägtere, auffälligere oder öffentlich sanktionierte Süchte, andere pflegen ihre Süchte eher im Privaten. Viele Süchte sind gesellschaftskonform, z.B. die Arbeitssucht (*workaholics*) oder die Smartphone-Sucht.[13]

---

13 Aus einer amerikanischen Studie: 94 Probanden wurden fünf Tage lang rund um die Uhr überwacht. Jedes Entsperren, jedes „Gefällt mir " auf Instagram oder Facebook wurde gezählt. Die Studie ergab: Das Smart-

Eine Form der Sucht, die man in keinem Lehrbuch der Psychiatrie oder Psychologie findet, ist jedoch besonders weit verbreitet und verlangt deshalb nähere Betrachtung: die Stress-Sucht.

Eine beliebte Manifestation der Stress-Sucht ist das Sich-Sorgen-machen. Unser Ego *hungert* förmlich nach Gründen sich Sorgen zu machen und sich in Angst und Erregung zu versetzen. Und wenn es keinen Anlass zur Sorge gibt, greift das Ego auf das Denkmuster „was ist wenn" zurück (s.o.) und fabriziert Gründe zur Sorge.

Eine weitere Form der Stress-Sucht ist das Aufschieben und Verschleppen (engl. *procrastination*). So warten wir damit die Steuererklärung zu erledigen bis die Abgabefrist abzulaufen droht, wir trödeln den Semesterbericht zu verfassen, bis wir die Nacht durcharbeiten müssen, wir kaufen Weihnachtsgeschenke auf den letzten Drücker usw. Dabei könnten wir mit Disziplin und Voraussicht viel Stress vermeiden – *wollen* wir aber nicht! Das Ego liebt Stress-Orgien!

Natürlich würden die meisten Menschen behaupten, sie mögen Stress nicht und würden diesen gerne vermeiden, unser Verhalten spricht aber eine andere Sprache. Das Leugnen gehört nun mal zur Sucht dazu.

Im Westen sind wir kulturell darauf geprägt, uns primär mit dem *Außen* und dem *Tun* zu befassen, das *Innen* und das *Sein* dabei zu vermeiden. Wer einmal seine Gedanken aufmerksam beobachtet und zur inneren Ruhe zu kommen versucht, wird schnell bemerken, wie viel Unsinn unser Ge-

---

phone wurde im Durchschnitt 2617 Mal pro Tag berührt. Bei den extremen Nutzern (Top 10%) wurden sogar bis zu 5427 Berührungen pro Tag gemessen. https://blog.dscout.com/mobile-touches.

hirn fortlaufend produziert, nur damit keine Stille aufkommen kann. Stressfreie Ruhe macht uns i.d.R. Angst, weshalb wir uns mit unsinnigem Kopfkino oder Internetkino abzulenken trachten.

Eine verwandte Variante unserer Stress-Sucht ist die Problemsucht. Dabei ist unser Ego nicht wirklich an einer Lösung eines Problems interessiert, sondern daran, möglichst ausgiebig am „Problemknochen" zu nagen. Dabei kommt i.d.R. wenig mehr dabei heraus, als wenn ein Hund an einem Plastikknochen aus der Zoohandlung herumkaut. Und wenn man dem Problem-Nager eine Lösung anbieten möchte, wird diese auf den gleichen Widerstand treffen, als würde man einem Hund seinen Plastikknochen wegnehmen wollen.

Viele Menschen können nachts nicht schlafen, weil sie sich von ihrem Kopfkino oder Gedankenkarussell wachhalten lassen. Wenn man dann einmal näher untersucht, worüber nachgedacht wird, dann ist es Nacht für Nacht das gleiche Thema mit den gleichen kreisenden Gedanken. Hier zeigt sich wieder einmal, dass das Ego nicht unser Freund ist: Es raubt uns die Nachtruhe, macht uns vor, dass es uns helfen will, ist in Wirklichkeit aber völlig unproduktiv.

Zusammenfassend können wir feststellen, dass das Schadprogramm Ego u.a. deshalb so mächtig ist, weil es die menschliche Bereitschaft zur Sucht auszunutzen weiß. Es nutzt die gleichen neuro-psychologischen Mechanismen, wie Kokain oder Nikotin. Uns von unseren destruktiven Ego-Süchten zu befreien, verlangt deshalb nicht weniger Disziplin, Mut, Ehrlichkeit und Anstrengung, als jede ernsthafte Suchttherapie.

Kapitel 22

Leben im Widerstand zu dem, was ist

Eine weitere Angewohnheit des Egos ist der Widerstand gegen das, was ist. Selten akzeptieren wir, was ist, ohne es ändern, vermehren, vermindern, verbessern oder festhalten zu wollen. Wir wollen mehr Geld, mehr Anerkennung, mehr Nachtisch, mehr Sex, weniger Trump/Merkel/Putin/Erdogan, weniger oder mehr Regen oder Sonne, mehr oder weniger Zeit, Arbeit, Familie, Kinder usw. Die Liste ist endlos. Die allermeiste Zeit verbringen wir im Widerstand zu dem, was ist, in einem Zustand des permanenten Schiebens oder Ziehens.

Dabei gibt es nur eine Wirklichkeit: **Es ist, wie es ist**. Es ist *nicht*, wie es war, es ist *nicht*, wie es sein wird, es ist *nicht*, wie es sein könnte und es ist *nicht*, wie es sein sollte. **Es ist, wie es ist**. Und damit haben wir so unsere Schwierigkeiten.

Es kann sehr lehrreich sein, einmal für 60 Sekunden zu versuchen alle inneren und äußeren Wahrnehmungen und Zustände zuzulassen, ohne sie zu bewerten oder ändern zu wollen. Ich nenne diese Übung die *60-Sekunden-Achtsamkeitsherausforderung*. Nach meiner Erfahrung wird es den allermeisten nicht gelingen für eine Minute einfach wahrzunehmen was ist, ohne den gedanklichen Fleischwolf anzukurbeln. Probieren Sie es einmal aus, es dauert nur eine Minute!

Statt in der einzigen Wirklichkeit zu leben, die existiert, verweilen wir lieber in phantasierten Mentalräumen. Wir befassen uns gerne und ausführlich mit Vorstellungen, wie

es war, wie es sein wird oder wie es sein könnte oder sollte –
statt ohne Widerstand die Wirklichkeit zu erleben, wie sie
ist.

Diese Mentalräume sind virtuelle Welten, die nur in unseren Vorstellungen existieren. Sie sind mit einer Verschie-
bung der Zeitachse und oft auch der Raumachse verbunden,
weg vom *Hier und Jetzt* und hin zu alternativen Zeiten,
Räumen oder Vorstellungsinhalten.

Wenn wir in der Vergangenheit leben, z.B. in Urlaubs-
oder Kindheitserinnerungen schwelgen oder aber schmerzhafte Erfahrungen immer wieder durchspielen, dann handelt es sich ja nur um eine *Rekonstruktion*, d.h., um eine
Fabrikation unseres Verstandes. Die Vergangenheit existiert
(auf dieser Ebene) nicht mehr, es ist ausschließlich eine virtuelle und subjektive Vorstellung. Aus dieser entspringen
dann häufig Gefühle der Trauer, Reue, Sehnsucht, Nostalgie
oder des Verlustes.

Natürlich können wir uns auch an schöne Zeiten oder po-
sitive Erfahrungen erinnern, wenn unser Bewusstseinsschwerpunkt jedoch auf diese gelenkt wird, entsteht unweigerlich eine Diskrepanz zum Hier und Jetzt. Inneren Frieden und Balance kann man durch diesen Bewusstseinspa-
gat nicht erzielen.

Wenn wir mental in der Zukunft leben – wie es sein wird,
sein sollte oder sein könnte – befassen wir uns mit einer
Projektion, also ebenfalls einer Fabrikation unseres Verstandes. Die Zukunft existiert (auf dieser Ebene) noch nicht,
es ist ausschließlich eine virtuelle und subjektive Vorstellung.

Der Preis, den wir für den Besuch im Mentalraum Zukunft bezahlen, ist immer *Angst*. „Was ist wenn..." Selbst wenn unsere Projektionen in die Zukunft von Hoffnungen und Wünschen geleitet werden, z.B. von Phantasien über einen Traumurlaub oder zukünftiges Eheglück, gehen immer Ängste damit einher. „Was ist wenn nicht...." Auch hier gilt, dass mit einer Flucht aus dem Hier und Jetzt in virtuelle Zukunftsprojektionen unser innerer Frieden und unser Gleichgewicht verloren gehen.

Kapitel 23

Voreinstellungen und Erwartungen -
Motivation und Absicht

Hier noch einmal zur Wiederholung: „In Zusammenarbeit mit unserer Totalität sind wir Drehbuchautor, Regisseur und Schauspieler in unserem privaten Kino. Als souveräne Lichtwesen haben wir die freie Wahl, welche Projektionen wir auf die Leinwand unseres Lebens werfen. Wie wir
das weiße Licht aus der unbegrenzten Quelle nutzen, hängt
von unseren Gedanken und Gefühlen ab, die dieses Licht
wie ein unendlicher Zelluloidstreifen filtern und brechen."

Unsere Gedanken und Gefühle sind also von äußerster
Wichtigkeit im fortlaufenden Prozess der Schöpfung unserer
Erfahrungen. Dabei filtern und begrenzen unsere Voreinstellungen und Erwartungen, was schließlich auf der Leinwand unseres Lebens erscheint.

Als souveräne Lichtwesen haben wir prinzipiell vollstän-
dige Freiheit jede mögliche Wirklichkeit zu manifestieren.
Durch die Erwartungen, Voreinstellungen und affektiven
Ladungen, die wir mit unseren Gedanken verknüpfen, wird
das Universum der Möglichkeiten jedoch auf wenige Wahr-
scheinlichkeiten eingeengt, die dann schließlich in einer
einzigen Manifestation Ausdruck finden.

Nun sind viele – vielleicht die meisten – Menschen nicht
zufrieden mit dem, was sie in ihrem privaten Kinofilm erleben. Wie können wir unsere Erfahrungen ändern? Nun,
ganz wesentlich wäre es, unsere Voreinstellungen und Erwartungen (a) wahrzunehmen und (b) in Frage zu stellen.

Dazu müssen wir kritischen Abstand nehmen von den Denkgewohnheiten, mit denen unser Ego uns fortwährend beschäftigt. Nur wenn wir die Apertur unseres Gedankenfilters weiten, können wir ein weiteres Spektrum an Möglichkeiten in unser Leben einladen. Dafür sollten wir uns auf das Hier und Jetzt fokussieren, für alle Varianten offen bleiben und die reflexhaften Bewertungen als *gut* oder *schlecht* vermeiden. Zudem sollten wir den Weissagungen des Ego, die sich auf den Mentalraum *Zukunft* beziehen, weniger Glauben schenken, denn diese sind oft von Angst geleitete Sich-selbst-erfüllende-Prophezeiungen.

Außerdem ist es entscheidend uns über die Motivation für unsere Entscheidungen und Handlungen Klarheit zu verschaffen. Dabei sollten wir zwischen *Motivation* und *Absicht* unterscheiden. Hierzu ein einfaches Beispiel: Zwei junge Frauen bewerben sich auf eine Stelle als Erzieherin in einem Kindergarten. Beide haben also die *Absicht* Kindergärtnerin zu werden. Die eine Frau sucht einfach einen Job, der ihr erlaubt, für ein paar Jahre Geld zu verdienen, bis sie ihren Traummann gefunden hat. Die andere hat schon seit ihrer Jugend den Herzenswunsch mit Kindern zu arbeiten und kann sich nichts Schöneres vorstellen, als in diesem Beruf aufzugehen. Beide Frauen haben die gleiche Absicht, aber eine völlig unterschiedliche Motivation. Welche wird wohl die bessere Kindergärtnerin werden?

Es ist die Motivation hinter einer Entscheidung oder Handlung, die über das Ergebnis entscheidet. Wenn die Motivation niederfrequent ist (z.B., Angst, Gier, Geltungsbedürfnis usw.), dann wird das Endergebnis niederfrequent sein. Wenn die Motivation höherfrequent ist (z.B., Liebe, Freude, Fürsorge usw.), dann wird das Endergebnis höherfrequent sein.

Kapitel 24

Begierden und Festhalten

In der buddhistischen Lehre kommen den Begierden (*desires*) und dem Festhalten (*attachments*) berechtigterweise große Bedeutung zu. Denn diese sind Hauptwerkzeuge des Ego, die ganz wesentlich zu unserem Unglück beitragen. Wenn wir etwas begehren, empfinden wir damit automatisch, dass uns etwas zu unserer Zufriedenheit fehlt. Wir wünschen uns mehr von etwas, das noch nicht da ist, auf das wir aber in der Zukunft hoffen. Begierden sind also eine Affirmation des Ungleichgewichts oder Mangels, die uns aus dem Hier und Jetzt in die Zukunft locken.

„Leidenschaft ist was Leiden schafft."

Das Festhalten ist der Zwillingsbruder der Begierden: Wir möchten an einem befriedigenden Zustand festhalten und den zukünftigen Verlust einer Befriedigung verhindern. Auch dies ist eine Affirmation des Mangels, die besagt, dass wir von bestimmten Bedingungen, Umständen oder Beziehungen als Voraussetzungen unseres Glückes abhängig sind.

Innerer Frieden basiert nicht auf der Befriedigung von Begierden, sondern auf der Neutralisierung von Begierden. Wahrer innerer Frieden ist nicht an Bedingungen geknüpft. Denn Begierden sind unersättlich, gierig und wechselhaft, wodurch sie uns in unendliche Kreisläufe verstricken, ganz ähnlich einer Sucht.

Gier, Neid und Eifersucht sind Formen von Begierden, deren Kern ein Gefühl des *Mangels* ist. Wir wollen mehr

Geld, Macht, Status, Anerkennung, Liebe usw., weil wir ein inneres Defizit empfinden oder ein zukünftiges Defizit fürchten. Dabei kommt der Gier ein besonderer Stellenwert zu, da sie die Wurzel sehr vieler Übel ist, die die Menschheit an den Rand der Ausrottung getrieben haben.

Die Ausbeutung der Natur (Ressourcen und Tierwelt) und der Arbeitskraft unserer selbst oder anderer, die den allermeisten wirtschaftlichen Prozessen auf diesem Planeten zugrunde liegt, wird von Gier motiviert, die wiederum auf einer *Angst vor Mangel* beruht.

Dabei trifft zu, was der Volksmund so ausdrückt: *„Gier wird nicht satt, bis sie das Maul voll Erde hat."*

Wenn wir als Menschheit überleben möchten, ist es dringend geboten, dass wir unsere Begierden zügeln lernen und uns von der Verknechtung durch unsere Gier befreien. Dies ist ein zentrales Thema im gegenwärtigen Umbruchprozess, dem wir uns stellen müssen.

Das Licht aus der unbegrenzten Quelle, aus der die gesamte Schöpfung hervorgegangen ist, ist unerschöpflich. Wir leben potentiell in der Fülle dieses unerschöpflichen Lichts. Wenn wir uns die Natur anschauen, die voller Lebensvielfalt und Überfluss ist, gibt es wirklich keinen Grund, von Mangel zu sprechen. Wir Menschen könnten alle wie im Paradies und im Einklang mit anderen Lebewesen leben, vorausgesetzt wir konsumieren nur so viel, wie wir wirklich brauchen und teilen unsere Ressourcen großzügig und egalitär mit dem Rest der Schöpfung.

Selbstverständlich gibt es in der Natur auch Zeiten des Mangels und Hungers, aber kaum ein Tier würde dadurch verleitet mehr zu erbeuten oder zu horten, als es für sein

Überleben braucht. Angst und Gier haben den Menschen zu einem bedrohlichen Parasiten gemacht, dessen Unersättlichkeit unter den anderen Lebewesen keine Entsprechung kennt.

Kapitel 25

Vertrauen und Dankbarkeit

Jeder Mensch trägt in sich die Neigung zur Angst und zur Gier, weshalb niemand sich von der Beschäftigung mit diesen Tendenzen ausnehmen kann. Was mir in meiner Arbeit an mir selbst am meisten hilft, ist die wiederholte Rückbesinnung auf zwei fundamentale Grundhaltungen: Vertrauen und Dankbarkeit.

Neben Mut ist Vertrauen das mächtigste Gegenmittel gegen Angst, einschließlich der Angst vor Mangel. Es ist deshalb hilfreich uns immer wieder vertrauensvoll an die Quelle allen Segens zu erinnern, deren Natur unerschöpflich, liebevoll und nährend ist. Es ist die gleiche Quelle, die alles Leben nährt und von deren Segnungen alle Lebewesen fortlaufend profitieren. Das Licht aus der Unendlichen Quelle verlangt nichts von uns, außer ein Öffnen und Zulassen. Angst blockiert den Fluss, Vertrauen öffnet uns für weitere Segnungen.

Dankbarkeit ist, wie bereits erläutert, nicht nur eine Grundhaltung, sondern auch eine heilende Energie. Sie bringt unseren Energiekörper mit den Frequenzen der Fülle und des Reichtums in Einklang und immunisiert ihn gegen die Frequenzen des Mangels und der Bitterkeit.[14]

Hier ist eine Affirmation, die uns helfen kann, die Energien der Dankbarkeit zu aktivieren: ***Ich bin dankbar für***

---

14 Wer sich für das Thema Dankbarkeit und ihre heilsamen Auswirkungen interessiert, kann dazu in der wissenschaftlichen Literatur viele interessante Studien finden.

den Reichtum und Segen in meinem Leben. Dieser Reichtum mag sich vielleicht nicht auf dem Bankkonto widerspiegeln, sondern es kann sich um Segnungen wie Freundschaft, Liebe, Gesundheit, Talente, Sicherheit o.ä. handeln – und davon können wir in jedem Leben etwas finden.

Natürlich wird das Ego einwenden: „Aber ich habe nicht genug..." Denn das Ego lebt von Kriterien und selbstgewählten Bedingungen des Glücks und klammert sich an *nicht genug* und *mehr*. Dankbarkeit ist deshalb eine äußerst heilsame Grundhaltung zu der wir immer wieder zurückkehren können, wenn wir dem Ego auf den Leim gegangen sind.

Kapitel 26

Angst vor emotionalem Verlust

Die Angst vor Mangel ist nicht auf das Materielle begrenzt, sondern kann auch als Angst vor Einsamkeit, Liebesentzug, Zurückweisung, Kritik oder Verlust erlebt werden.
In der Tat sind solche Mangelzustände für viele Menschen
weit schmerzhafter, als materieller Mangel. Jeder von uns
hat diese Ängste schon erlebt – wie können wir damit umgehen? Weiter unten werden die *Vier Schritte zur Selbstheilung* vorgestellt werden, die auch in dieser Hinsicht Anwendung finden können.

Zudem kann es nötig sein, tiefe emotionale Ressourcen
zu mobilisieren, indem wir die Quelle der Liebe in unserem
Inneren anzapfen. Dabei ist es entscheidend, dass wir uns
vergegenwärtigen, dass wir von der Unbegrenzten Quelle
geliebt werden, und zwar ohne wenn und aber. Diese Liebe
können wir am deutlichsten in unserem Herzen spüren,
weshalb es so unerlässlich ist unser Herz zu öffnen, bzw. offen zu halten.

In letzter Konsequenz können wir der Angst vor emotio-
nalem Verlust nur die Annahme der bedingungslosen Liebe
aus der Unbegrenzten Quelle entgegensetzen. Dort können
wir immer aus der Fülle schöpfen, auch wenn es auf der
menschlichen Ebene schmerzhafte Mangelzustände geben
mag.

Kapitel 27

Angst vor Verlust durch Tod – Schmerz und Leiden – Was du abwehrst, bleibt bestehen

Es gibt kaum eine fundamentalere oder schwierigere Erfahrung, als einen geliebten Menschen oder ein geliebtes Tier durch Tod zu verlieren. Dies Thema alleine kann viele Bücher füllen, wir werden aber nur einige zentrale Punkte ansprechen.

Zunächst kann es hilfreich sein den Unterschied zwischen Schmerz und Leiden zu beleuchten. Schmerz ist eine unvermeidliche Erfahrung in unserem Leben, das ja schon mit einer i.d.R. für Mutter und Kind schmerzhaften Geburt beginnt.

Wenn wir uns den Zeh verstauchen, schießt ein Schmerz in den Fuß ein, der uns wie eine Welle überkommt. Der wellenförmige Verlauf begrenzt dabei die zeitliche Dauer des Schmerzes.

Leiden setzt dann ein, wenn wir uns dieser Welle zu widersetzen versuchen. Denn hier gilt der fundamentale Grundsatz: Was du abwehrst, bleibt bestehen (*what you resist, persists*). Es ist natürlich sehr menschlich und verständlich den Schmerz abzuwehren und nicht in voller Stärke zuzulassen. Doch diese Gegenwehr führt zu einer Blockade im wellenförmigen Verlauf des Schmerzerlebens und damit zu ausgedehntem Leiden.

Nehmen wir dies Beispiel: Eine meiner Patientinnen hatte fünf Jahre zuvor ein Baby verloren und besuchte noch immer täglich den Friedhof, wo ihr Kind begraben lag. Ihr Leiden war so intensiv, dass sie zum Alkohol griff, um den Leidensdruck zu mindern. In unserer psychotherapeutischen Arbeit führte ich die Patientin dahin Kontakt mit den schmerzhaftesten Momenten ihrer Verlusterfahrung aufzunehmen, diese zu empfinden und dann durch die Anwendung heilsamer und transformativer Energien zu entschärfen.[15] Durch das Zulassen des Schmerzes konnte sich die Patientin aus der Trauma-Starre befreien und dadurch ihr chronisches Leiden reduzieren.

Das Verhältnis von Schmerz zu Leiden kann man pointiert so zusammenfassen: Im Leben eines Menschen ist Schmerz unvermeidlich, Leiden dagegen ist optional.

Alle Gefühle und Emotionen sind in ihrer Essenz Energien. Als solche können sie nicht zerstört werden, sondern nur umgewandelt. Entsprechend gilt auch im Psychischen das Newtonsche Gesetz „Kraft gleich Gegenkraft". Wenn wir ein Gefühl abwehren, erzeugen wir automatisch eine gleichgroße Gegenkraft – loswerden können wir das Gefühl dadurch aber nicht. Am Ende sind wir vom inneren Tauziehen erschöpft, ohne uns wirklich von der Stelle bewegt zu haben.

Leiden erleben wir dann, wenn wir uns dem Fluss unserer Gefühle widersetzen. Dieser Widerstand verursacht Blockaden im energetischen Fluss, die wiederum Schmerz erzeugen. Sowohl in Bezug auf seelische als auch auf körperliche Schmerzen gilt die alte chinesische Weisheit: *Wo es*

---

15 Im Umgang mit traumatischen Erfahrungen haben sich Methoden der energetischen Psychotherapie als besonders effektiv und hilfreich erwiesen. Die von Linda Stein-Luthke und mir entwickelte Methode heißt *Psychoenergetische Heilung* (s. Anhang) und wird im Buch *Beyond Psychotherapy* beschrieben.

Schmerz gibt, gibt es keinen Fluss – wo es einen Fluss gibt, gibt es keinen Schmerz. Es spielt dabei keine Rolle, ob es sich um ein gebrochenes Bein oder ein gebrochenes Herz handelt, der Grundsatz ist in jedem Fall gleichermaßen wahr. Heilung erzielen wir dann, wenn wir die Blockaden im Fluss auflösen können.

Kapitel 28

Vier Schritte zur Selbstheilung

Im Laufe unseres Lebens erfahren wir alle vielfache Verletzungen, Ungleichgewichte und Missempfindungen körperlicher und seelischer Art, deren Heilung in den meisten Fällen „automatisch" und ohne unser aktives Zutun erfolgt. Sollte dies einmal nicht ausreichen, können wir unsere energetischen Selbstheilungskräfte aktivieren, in dem wir den folgenden Prozess durchlaufen:

(1) <u>Wahrnehmen</u>: Bevor wir heilend in unsere inneren Zustände eingreifen können, ist es unerlässlich, dass wir zunächst wahrnehmen, was wir empfinden. Dabei sollten wir achtsam, wachsam und ehrlich mit uns umgehen.

(2) <u>Annehmen und zulassen</u>: Alle Wahrnehmungen, Gefühle, Emotionen und Gedanken sind Energien auf bestimmten Schwingungsfrequenzen. Energie kann nie zerstört (oder geschaffen) werden, sondern nur umgewandelt. Wenn wir etwas loswerden oder wegschieben wollen, erzeugen wir nur einen inneren Konflikt, denn auch im Psychischen gilt der Grundsatz der Physik, *Kraft entspricht Gegenkraft*. „Was wir abwehren, bleibt bestehen." Energie kann nicht zerstört werden. Um sie umzuwandeln, müssen wir sie annehmen und zulassen.

Nehmen wir beispielsweise Ärger als inneren Zustand, den wir heilen möchten: Nimm den Ärger an, lasse ihn zu (d.h. nicht, agiere ihn aus), fühle ihn im Körper: Wo sitzt der Ärger? Welche Farbe, Form, Größe hat er? Welche Körperpartien werden besonders vom Ärger berührt? Was macht ihn größer und was kleiner? Verliere die Angst vor der disharmonischen Energie und nimm stattdessen Kontakt mit ihr auf. Schließlich ist sie ja nur eine Energie, und alle Energien können umgewandelt werden – vorausgesetzt, man nimmt sie an.

(3) Um Hilfe bitten: Disharmonische, niederfrequente Energien, z.b. Ärger, können durch harmonische, höherfrequente Energien umgewandelt werden. Der alchemistische Grundsatz lautet schlicht: *Das Höhere wandelt das Niedere um.* Heilende, höherfrequente Energien müssen eingeladen oder aktiviert werden, wobei die einfache Bitte um Hilfe ausreicht.

Heilende Energien können aus vielen Quellen kommen. Dazu gehört Liebe, Freude, Dankbarkeit und Vergebung, die wir in unserem Herzen finden können. Wir können auch eine spirituelle Quelle heilender Energien um Hilfe bitten: Engel, Erzengel, aufgestiegene Meister, Heilige, Jesus, Maria, Krishna, Buddha, Gott – all dies ist legitim und hilfreich. Und schließlich können wir, wenn uns das Religiöse oder Personale nicht so liegt, direkt an die heilenden Frequenzen wenden, die oft als Heilfarben beschrieben werden, z.B. Gold, Violett oder Blau.

Die heilenden Energien, aus welcher Quelle auch immer, bringen wir in Berührung mit den disharmonischen Energien, die wir in den ersten beiden Schritten wahrgenommen und zugelassen haben.

(4) Vertrauen und loslassen. Dann vertrauen wir darauf, dass unsere Bitte um Hilfe effektiv war und der Heilungsprozess voranschreitet. Wir lassen das Thema los und erlauben den höherfrequenten, heilenden Energien, ihre Arbeit zu tun, ohne diese durch Zweifel, Manipulation oder einschränkende Erwartungen zu behindern.

Die vier Schritte zur Selbstheilung mögen dem einen zu kompliziert erscheinen und dem anderen zu simpel. Mein Rat: ausprobieren! Es funktioniert wirklich!

Kapitel 29

De-Identifizierung durch Humor und Abstand

„Humor ist das Schmiermittel des Lebens."

Unser Ego hat leider so gar keinen Sinn für Humor, es will uns stattdessen weismachen, dass die Probleme des Lebens wirklich sehr ernstzunehmen sind, und dass die Ängste und Sorgen in jedem Fall gerechtfertigt sind. Humor ist deswegen so heilsam, weil er uns erlaubt einen kleinen Spalt zu öffnen zwischen unseren Wahrnehmungen und Gedanken einerseits und unseren emotionalen Reaktionen andererseits. Ohne diesen Spalt sind wir unserer reflexhaften Reaktivität unterworfen, die uns sofort emotional mit *gut-schlecht* oder *mehr-weniger* reagieren lässt.

Wir sollten uns also nicht so ernst nehmen. Ganz besonders sollten wir das *Problem des Tages* nicht so ernst nehmen, denn entweder löst es sich von alleine oder es wird morgen von einem anderen dringenden Problem abgelöst.

Neben Humor gibt es weitere Gedankenansätze, die uns helfen können uns zu de-identifizieren mit unseren Problemen oder Emotionen. Dazu gehört die Einsicht, frei nach Otto Reutter,[16] *in fünfzig Jahren ist alles vorbei.* Alles ist endlich, auch unsere Probleme. Spätestens mit unserem letzten Atemzug haben sich diese in Luft aufgelöst. Alles nicht so ernst nehmen!

---

16 https://www.otto-reutter.de/

Die distanzierende Einsicht, *in fünfzig Jahren ist alles vorbei*, können wir noch etwas ausdehnen, indem wir im Geiste am Teleobjektiv unserer Zeitkamera drehen. Das Universum ist ca. 13,8 Milliarden Jahre alt. Die Spezies Mensch gibt es seit etwa 200.000 Jahren, also erst seit sehr kurzem. Menschliche Zivilisationen gibt es, soweit wir wissen, seit ungefähr 6.000 Jahren. Die Industrialisierung unserer Arbeits- und Lebenswelt setzte sich erst in den letzten zwei Jahrhunderten durch. In kurzer Zeit hat sich also viel verändert und es gibt Grund zur Annahme, dass sich in kurzer Zeit weiterhin sehr viel ändern wird. Schon aus diesem Grund ist es unsinnig sich am *Problem des Tages* festzuklammern.

Nichts ist, wie es war oder wie es sein wird.

Ein ähnliches Drehen am Teleobjektiv, diesmal nicht auf die Zeit sondern den Raum bezogen, kann ebenfalls zum Perspektivenwechsel und zur De-Identifizierung beitragen. Ich empfehle gerne YouTube.com, wo man den Klassiker *Power of Ten*[17] finden kann. Dort gibt es weitere Filme dieser Art, z.B. *10 Hoch - Reise durch den Mikro- und Makrokosmos* von Prof. Dr. Harald Lesch.[18] Solche Filme verdeutlichen uns, wie begrenzt unser Denken und Wahrnehmen auf einen ganz kleinen Ausschnitt der Wirklichkeit ist, der durch unsere Sinne und Denkgewohnheiten abgesteckt wird. Sowohl der Zeitrahmen der Schöpfung als auch der Raum des Mikro- und Makrokosmos sind jedoch um viele Potenzen weiter, als unser Alltagsdenken berücksichtigt. Wenn wir uns mal wieder in unser Problemknäuel verstrickt haben, kann es hilfreich sein perspektivischen Abstand zu gewinnen.

---

17 https://www.youtube.com/watch?v=MgCrtINSQcE
18 https://www.youtube.com/watch?v=oZ7nEKrG63M

Unsere Erde ist ein relativ kleiner Planet, der um eine Sonne mittlerer Größe kreist, die Teil der Milchstraße mit ihren circa 100 Milliarden Sonnen ist. Die Milchstraße ist eine von vielleicht zehn Billionen Galaxien. Platt gesagt: Unsere Erde ist wirklich nicht mehr als ein Sandkorn im Universum.

Um unseren Platz in der Schöpfung angemessen zu bestimmen, mag es auch nützlich sein sich daran zu erinnern, dass wir aus Sternenstaub gemacht sind. In der Tat sind fast alle chemischen Elemente, die es auf Erden gibt, das Resultat von implodierten Sonnen, sogenannten Supernovas. Alle Materie auf Erden stammt aus solchen kosmischen Ereignissen, die gleichermaßen einen Prozess der Zerstörung wie der Neugeburt darstellen. Dieser Kreislauf des Werdens und Vergehens ist unaufhaltsam und eine fundamentale Eigenschaft des Mikro- und des Makrokosmos. Schon deshalb sollten wir uns nicht so ernst nehmen – in fünfzig Jahren ist alles vorbei.

Kapitel 30

Achtsamkeit und Wachsamkeit – Geduld und Disziplin – Die einprozentige Lösung

Wir leben in einer Zeit des Umbruchs auf Erden, für die es keine verwertbaren Vorerfahrungen gibt. Die Programme unseres Egos wurden für die dritte Dimension entwickelt, die im Prozess der Auflösung begriffen ist. Metaphorisch können wir hier das (traurige) Bild vom Eisbären erwähnen, der auf einer sich auflösenden Eisscholle treibt. Unser grobmaterielles Lebensfeld wird durch den Zufluss höher-frequenter Energien zunehmend feinstofflicher, ähnlich der Umwandlung vom festen in den flüssigen Aggregatzustand. Damit einher geht der unabdingbare Umbau unseres Energiekörpers und damit der fundamentalen Denkgewohnheiten und emotionalen Programmschlaufen.

In der Übergangsphase, in der wir uns zur Zeit befinden, nimmt die Desorientierung und Verwirrung notwendigerweise erst einmal zu. Noch ist das Ringen zwischen Ego-Hirn und Herz-Allwissenheit in vollem Gange. *Armageddon findet im Inneren statt.* Dabei geht es um nichts weniger, als die Zukunft der Menschheit auf diesem sich wandelnden Planeten.

Uns weiterhin vom Schadprogramm Ego leiten zu lassen, wäre so, als würden wir uns auf Landkarten aus dem 14. Jahrhundert verlassen, um uns in der Welt von heute und morgen zu orientieren. Es wird Zeit, dass wir neues Kartenmaterial für unser Navigationsgerät herunterladen. Jeder Mensch hat potentiell dazu die Fähigkeit, es kommt aber ganz wesentlich auf die Bereitschaft des Einzelnen an sich auf den Umbauprozess einzulassen.

Das neue Kartenmaterial steht jederzeit bereit. Wir können zu diesem Zugang finden, indem wir auf die stille Stimme des Herzens hören, die uns in jedem Moment liebevolle Weisheit, Hilfe und Führung anbietet, egal um welches Anliegen es sich handelt. *Der Verstand hat alle Fragen, das Herz kennt alle Antworten.*

Damit wir den Verlockungen des Egos nicht immer wieder reflexhaft auf den Leim gehen, wird von uns Achtsamkeit und Wachsamkeit verlangt. Statt wie Schlafwandler durchs Leben zu torkeln, sollten wir zugleich der Beobachter und das Beobachtete sein.

Geduld und Disziplin sind dabei ebenfalls unabdingbar. Schließlich geht es um die Umprogrammierung unseres Betriebssystems, das sich über viele Inkarnationen entwickelt hat – und das ist keine Kleinigkeit!

Wenn wir aber vom Wege abkommen und „rückfällig" werden, und das wird sicher viele Male der Fall sein, ist es am heilsamsten auf unsere spirituellen Ressourcen zurückzugreifen. Wir finden die beste Medizin in unserem Herzen, das uns Mitgefühl, Nachsicht, Selbstvergebung und unbedingte Liebe für uns selbst anbietet, egal wie oft wir rückfällig werden sollten.

Die einprozentige Lösung

Im Kapitel 12 hieß es: „Wir leben im Treppenhaus. In jedem Moment gehen wir entweder die Schwingungstreppe hinauf oder herunter; ein Plateau, einen Stillstand, gibt es nicht. Als Lichtwesen bewegen wir uns zwischen den Polen der *Expansion* und der *Kontraktion*." In welche Richtung wir uns entwickeln, entscheiden wir dabei von Moment zu Moment immer wieder aufs Neue.

Wer sich von dem Ausmaß der in diesem Text umrissenen Umbaumaßnahmen überwältigt fühlt, und das wäre ja gut nachvollziehbar, dem möchte ich den folgenden ermutigenden Gedanken anbieten: Wenn es uns gelingt, die inneren Waagschalen täglich um nur ein Prozent von der Kontraktion zur Expansion zu verschieben, dann wären wir schon nach gut 14 Wochen am Ziel! Auch eine Veränderungsrate von nur 0,1 Prozent pro Tag wäre, auf eine Lebenszeit gerechnet, ein rasanter Wachstumsprozess. So gesehen sollten wir uns von der Größenordnung der Aufgabe nicht entmutigen lassen.

Kapitel 31

AUM

Dieser Text befasste sich mit den großen Fragen des Lebens: Wer bin ich? Woher komme ich? Wohin gehe ich? Was ist der Zweck der Übung Menschsein? Wo ist mein Platz in der Schöpfung? Was ist wirklich und was Illusion? Welche Philosophie kann mir helfen zu leben?

Hinter all den Fragen und den Versuchen einige Antworten zu skizzieren, liegt ein Mysterium, das nur schwer zu umschreiben und kaum zu vermitteln ist: Alle Schöpfung ist AUM, Eins, von einem Licht, einem Weltgeist, einem Logos durchzogen. Von daher kommen wir, dorthin gehen wir, daran haben wir teil.

Der menschliche Geist ist unfähig dieses AUM zu begreifen. Falls wir im Zustand der tiefen Meditation oder durch eine erleuchtende spirituelle Erfahrung oder Offenbarung der wahren Natur der Wirklichkeit gewahr werden sollten – und das gelingt nicht vielen Menschen – dann fehlen uns die Worte und das mentale Fassungsvermögen eine solche Erfahrung zu vermitteln.

Der menschliche Verstand basiert auf der Grundidee der Trennung: Ich – Nicht-Ich, Leben – Tod, gut – schlecht, und was es sonst noch an dualen Zuständen gibt. In Wahrheit liegt hinter der Dualität eine Einheit, die allumfassend ist.

Wie sehr wir uns vom Schattenspiel der Sinne und des Verstandes einfangen lassen, ist unsere Entscheidung. Der Kinofilm, den wir als unser Leben erachten, hat für jeden Menschen eine erhebliche Faszination und einen unwiderstehlichen Unterhaltungswert. Warum auch nicht.

Was bleibt am Ende einer jeden Kinovorführung zurück? Eine weiße Leinwand und das weiße Licht aus dem Projektor – ein Licht, das alle Farben umfasst: AUM.

ANHANG

Der Energiekörper des Menschen

Es gibt viele Bücher, Videos, Lehrmeinungen und Traditionen zum Thema des menschlichen Energiekörpers. Seit Jahrtausenden erforscht und zu Heilzwecken angewandt, hat sich viel wertvolles Wissen angesammelt, dem wir an dieser Stelle nicht umfassend gerecht werden können.

Wir bieten hier nur eine kurze Einleitung an mit dem Zweck eine Verständnisbrücke zu schlagen zwischen dem eher abstrakten energetischen Paradigma, wie es zu Beginn dieses Buches beschrieben wurde, und der menschlichen Erfahrungsebene.

Der Mensch (und übrigens auch jedes Tier) hat neben dem sichtbaren physischen Körper einen unsichtbaren Energiekörper. Diese Körper verhalten sich zueinander wie die Marionette zum Marionettenspieler. Letzteren sieht man nicht, er ist aber für die Bewegungen der Marionette ursächlich verantwortlich. Die Marionette ist nur ausführendes Organ, nicht kausaler Ursprung. Dieser ist immer im Energetischen begründet.

Genau wie die Anatomie des physischen Körpers in verschiedene Systeme unterteilt werden kann (Skelett, Muskulatur, Nervensystem usw.), können wir den Energiekörper grob in drei Aspekte unterteilen: Chakren, Meridiane und die Aura.

Alle drei Aspekte sind von Lebensenergie durchzogen. Diese Energie hat in den unterschiedlichen Traditionen verschiedene Namen *(Qi/Ki, Prana, Mana)*, die aber im Wesentlichen das gleiche bezeichnen.

In Analogie zum physischen Körper können wir die Chakren mit den Organen vergleichen, die Meridiane mit den Nerven oder Blutgefäßen, und die Aura mit der äußeren Hülle.[19]

Chakren sind der Schwerpunkt der indischen (ayurvedischen) Tradition, Meridiane spielen besonders in der chinesischen Tradition eine zentrale Rolle. Experten mögen mir diese Vereinfachung verzeihen.

Die Meridiane

Die klassischen Akupunktur- oder Akupressurpunkte befinden sich alle auf den 14 Kanälen, die aus den zwölf Hauptmeridianen zusammen mit dem Konzeptionsgefäß und dem Lenkergefäß bestehen. Die Hauptmeridiane sind paarig und spiegelbildlich jeweils auf der rechten und linken Körperseite angelegt. Konzeptions- und Lenkergefäß verlaufen auf der Mittellinie des Körpers, vorne wie ein Reißverschluss und hinten mittig auf der Wirbelsäule.

Wenn man von Meridianen ohne weiteren Zusatz spricht, meint man üblicherweise die zwölf Hauptmeridiane, die nach den „Organen" *(Zàngfuˇ)* benannt sind.

Den Hauptmeridianen wird jeweils eine Qualität *(Yin* oder *Yang)* und eine Fließrichtung zugeschrieben:

Yin-Meridiane verlaufen von den Zehen zum Stamm und vom Stamm zu den Fingern.

---

19 Da die Aura im Wesentlichen von den Chakren und Meridianen beeinflusst wird, werden wir diesen Aspekt des menschlichen Energiekörpers an dieser Stelle vernachlässigen.

Yang-Meridiane verlaufen von den Fingern zum Gesicht und vom Gesicht zu den Zehen.

Die Hauptmeridiane ergeben nach den Vorstellungen der traditionellen chinesischen Medizin (TCM) einen Kreislauf, der im Laufe eines Tages komplett durchlaufen wird, so dass jeder Meridian jeweils zu seiner Uhrzeit für zwei Stunden ein Maximum erreicht.

Die Hauptmeridiane werden in der TCM zudem einem der fünf Elemente (Metall, Erde, Feuer, Wasser, Holz), einer Emotion, einem Gewebe und einem Sinnesorgan zugeordnet.

Ohne an dieser Stelle weiter ins Detail gehen zu wollen, können wir zusammenfassend feststellen, dass die TCM ein sehr differenziertes und komplexes Lehrgebäude bezüglich des menschlichen Energiekörpers erstellt hat.

Die Chakren

Chakra ist ein Sanskrit-Wort, das „Rad" bedeutet. Dieses Wort bezeichnet die wirbelnden Lichtzentren in unserem Körper. Diese Lichtzentren verarbeiten die Energie, die uns Leben gibt.

Die sieben Hauptchakren sind entlang der Mittellinie des Körpers angelegt. Man kann sich die Chakren als trichterförmige Parabolantennen vorstellen, durch die wir in ständigem informativen Austausch mit dem umgebenden Energiefeld stehen. Der „Trichter" des ersten und des siebten Chakras ist nach unten bzw. oben ausgerichtet, die restlichen fünf Chakren haben „Trichter" sowohl nach vorne als auch nach hinten.

Je nach Schwingungsfrequenz strahlen die Chakren eine Grundfarbe ab, ähnlich den Farben des Regenbogens. Jedes

Chakra ist funktional einem oder mehreren endokrinen Organen (Drüsen) zugeordnet. Außerdem regiert ein Chakra die jeweilige Körperregion, in der es angesiedelt ist.

Das **Kronen-Chakra,** oder siebte Chakra, befindet sich am Scheitelpunkt des Kopfes. Seine Grundfarbe ist violett (mit gold-weiß). Dieses Chakra hilft uns unseren Körper dem direkten Empfang des Lichts zu öffnen und unnötige gedankliche Aktivität beiseite zu räumen. Das violette Licht wirkt reinigend und heilend, wo immer es in unserem Körper zur Anwendung kommt – und es hilft uns das Geschnatter in unserem Hirn zu reduzieren.

Jedes Hauptchakra steht im Zusammenhang mit einer Drüse in unserem Körper. Das Kronen-Chakra ist mit der Zirbeldrüse *(Epiphyse)* verbunden. Die Wissenschaft ist noch dabei diese Drüse zu erforschen, doch scheint sie uns dabei zu helfen, in einem harmonischen Gleichgewicht zu leben und uns direkt an unser Licht anzubinden.

Das **Dritte-Auge-Chakra,** auch Stirn-Chakra oder sechstes Chakra genannt, befindet sich mittig auf der Stirn oberhalb der Nase; seine Grundfarbe ist indigo-blau. Dieses Chakra ist mit der Hirnanhangsdrüse *(Hypophyse)* verbunden, welche die Schaltzentrale unseres endokrinen Systems darstellt.[20]

Das Dritte-Auge-Chakra ist in vieler Weise bedeutsam. Wenn es blockiert ist, haben wir möglicherweise Probleme mit den Stirnhöhlen, Augen, allergische Symptome oder

---

20 Das dritte Auge wird auch in der Bibel erwähnt:
Das Auge ist des Leibes Licht. Wenn nun dein Auge einfältig ist, so ist dein ganzer Leib licht (Lukas 11,34).
The light of the body is the eye: if therefore thine eye be single, thy whole body shall be full of light. (Matt. 6,22).

Kopfschmerzen. Unser Denken mag vernebelt sein oder sich immer wieder im Kreis bewegen. Ein offenes sechstes Chakra verhilft uns zu einer besseren inneren Sicht während der Meditation und wir können z.b. beginnen die Aura (das energetische Feld) um alle Wesen und Dinge zu sehen.

Das **Hals-Chakra,** oder fünfte Chakra, hat als Grundfarbe ein Blau wie der Himmel an einem Sommertag. Es steht mit der Schilddrüse und der Nebenschilddrüse in Verbindung. Wenn dieses Chakra offen ist, ist dies gut für unseren Nacken, den Hals-Rachen-Raum, die Zähne und das Gehör.

Wir belasten unser Hals-Chakra, wenn wir uns oder andere verurteilen (siehe Kapitel 19). Je weniger wir andere be- oder verurteilen, desto weniger verurteilen wir uns selbst (und umgekehrt) und lernen mehr uns anzunehmen und zu lieben. Dieses Chakra hilft uns auch dabei unsere persönliche Wahrheit auszusprechen, statt sie herunterzuschlucken. Wenn wir uns dagegen machtlos oder überfordert fühlen, wird das fünfte Chakra beeinträchtigt.

Das **Herz-Chakra,** oder vierte Chakra, hat eine strahlend-grüne Grundfarbe und befindet sich im Zentrum des Brustkorbes. Das Herz-Chakra ist mit der Thymusdrüse verbunden, die unser Immunsystem unterstützt. Wir nennen das Herz-Chakra den "zentralen Computer", denn dort können wir am ehesten auf die Weisheit unserer inneren Führung hören. Das zentrale Thema des Herz-Chakras ist Liebe (siehe Kapitel 13). Organisch berührt es im Wesentlichen die Funktionen des Herzens und der Lungen.

Das **Solar-Plexus-Chakra,** oder dritte Chakra, hat eine sonnenschein-gelbe Grundfarbe und befindet sich im Sonnengeflecht im Oberbauch. Dort ist das Zentrum unseres emotionalen Verdauungssystems angesiedelt. Das dritte Chakra ist mit den Nebennierendrüsen verbunden, die u.a. für die Reaktion auf Stress (z.B. durch die Ausschüttung von Adrenalin und Noradrenalin) zuständig sind. Wenn diese Drüsen aufgrund von übermäßigem emotionalen Stress erschöpft sind, können wir krank werden. Blockaden im dritten Chakra führen häufig zu falscher Atmung (Brust- statt Bauchatmung) oder Verdauungsbeschwerden.

Das **Nabel-Chakra,** oder zweite Chakra, hat eine leuchtend-orangene Grundfarbe und befindet sich nahe des Bauchnabels. Es ist das Zentrum der Kreativität und ist mit den Keimdrüsen verbunden, die neues Leben erzeugen. Wenn wir unsere Sexualität oder unsere Kreativität blockieren, kann dies zu Erkrankungen im Unterleibsbereich oder der Lendenwirbelsäule beitragen.

Das **Wurzel-Chakra,** oder erste Chakra, befindet sich im Steißbein und hat eine leuchtend-rote Grundfarbe. Dieses Chakra verbindet uns zu Mutter Erde. Wenn wir uns auf Mutter Erde sicher fühlen, kann dieses Chakra die Lebenskraft der Erde empfangen und durch unseren Körper senden. Wenn wir uns dagegen unsicher oder bedroht fühlen, verschließt sich das Chakra. Dies führt zu einem vermehrten Ausstoß von Stresshormonen, was wiederum die Nebennierendrüsen erschöpfen kann.

Summa Summarum

Wie oben erwähnt, ist der Zweck dieses kurzen Überblicks über den menschlichen Energiekörper eine Verständnisbrücke zu bauen für diejenigen Leserinnen und Leser, die sich mit dieser Materie noch nicht näher befasst haben.

Der Mensch ist im Wesentlichen ein Energiewesen, das durch die Antennenfunktion seines Energiekörpers permanent auf Sendung und Empfang ist und fortlaufend Informationen und Energie mit seiner Umwelt austauscht. Dieses Wissen ist die Grundlage der meisten traditionellen Heilsysteme, mit Ausnahme der westlichen Medizin, die sich ausschließlich auf die Marionette konzentriert und sich weigert den Marionettenspieler zur Kenntnis zu nehmen.

Psychoenergetische Heilung

Im Vorwort dieses Buches hatte ich mich kurz vorgestellt. Ich bin seit gut 35 Jahren therapeutisch tätig.[21] Im Laufe der Jahrzehnte entwickelten meine Frau Linda und ich gemeinsam eine Heilmethode, die wir *Psychoenergetic Healing* oder *Psychoenergetische Heilung* nennen.[22] Hierbei geht es um mehr als Psychotherapie, denn diese energetische Heilmethode kann zudem auf körperliche Beschwerden sowie auf personenunabhängige Situationen angewandt werden.

Aus langjähriger Erfahrung bin ich davon überzeugt, dass psychotherapeutische Bemühungen, die sich ausschließlich aufs Reden beschränken, weit hinter dem zurückbleiben, was möglich und was nötig ist. *Reden alleine genügt nicht!*

Wenn wir uns aufs Reden beschränken, bleiben wir auf der Benutzeroberfläche, wie es im Computerjargon heißen würde. So mögen wir das Erscheinungsbild auf unserem Bildschirm gefälliger machen, das hinter der Benutzeroberfläche liegende Programm ändern wir dadurch aber nicht. Nur wenn wir zum Quellcode vordringen, der im menschlichen Energiekörper zu finden ist, können wir die Software nachhaltig umprogrammieren.

Als Energetiker unterscheide ich prinzipiell nicht zwischen körperlichen und seelischen Beschwerden. Meist handelt es sich bei den Beschwerden meiner Patienten um Schmerzen seelischer und/oder körperlicher Natur, für die

---

21 Meine offiziellen Berufsbezeichnungen lauten Diplom-Psychologe, Klinischer Psychologe (USA) und Heilpraktiker. Ich selbst verstehe mich als Energetiker. Meine Praxis-Webseite lautet www.heilpraxis.jetzt.

22 Unsere Arbeit wurde im Buch *Beyond Psychotherapy* beschrieben, auf etlichen Kongressen vorgestellt und in Ausbildungsseminaren gelehrt.

der gleiche Grundsatz gilt: *Wo es Schmerz gibt, gibt es keinen Fluss; wo es einen Fluss gibt, gibt es keinen Schmerz.* Daraus folgt, dass die therapeutischen Bemühungen auf die Wiederherstellung des energetischen Flusses abzielen sollten.

Hierzu eignen sich alle therapeutischen Methoden, die am menschlichen Energiekörper ausgerichtet sind. Dabei nutze ich meinen eigenen Energiekörper sowohl als Instrument der Wahrnehmung als auch der Heilung. Oft spüre ich in meinem eigenen Körper, wo es Blockaden im Energiefeld des Patienten gibt; diese Wahrnehmungen leiten dann meine therapeutischen Interventionen.

Außerdem berühre ich in der Regel meine Patienten mit meinen Händen („Handauflegen"), was den Fluss heilender Energie intensiviert und von Patienten oft als Wärme oder Kribbeln wahrgenommen wird. Nicht selten reicht eine sanfte Berührung, um intensive emotionale Reaktionen (Tränenausbrüche, Schluchzen, Zuckungen usw.) auszulösen.

Im therapeutischen Prozess wechsle ich fließend zwischen Interventionen, die sich an den Meridianen orientieren (z.b. Akupressur) und solchen, die sich auf die Chakren beziehen. Letztere verlangen die aktive Mithilfe des Patienten, der angeleitet wird, seinen Energiekörper in der Innenschau wahrzunehmen, die inneren Wahrnehmungen zu beschreiben und sich am angeleiteten Heilungsprozess zu beteiligen.

Diese *Arbeit im Innenraum* ist der Kern der *Psychoenergetischen Heilung*. Sie basiert auf der Entdeckung, dass jeder Mensch prinzipiell in der Lage ist, Aspekte seines Energiekörpers wahrzunehmen, zu beschreiben und heilend zu beeinflussen, einschließlich der Energieströme und Energieblockaden.

Ohne zu sehr in die Einzelheiten zu gehen, unterscheiden wir zwischen einfachen und kristallisierten Energieblockaden. Letztere verlangen meist nach spezifischen Interventionen, denn man kann diese kaum „weganalysieren" oder durch mechanische Methoden (z.B. Akupunktur, Akupressur oder *Tapping*) auflösen. Diesbezüglich hat sich der Werkzeugkasten der *Psychoenergetischen Heilung* als besonders wirksam und hilfreich erwiesen.

Die *Arbeit im Innenraum* erlaubt den Patienten Zugang zu höher-frequenten Dimensionen, in denen wir nicht von Zeit und Raum gefesselt sind. Dies ermöglicht uns heilende Energien zu Erfahrungen in der Vergangenheit zu senden, egal, ob diese aus dem jetzigen oder früheren Leben stammen. Salopp gesprochen gilt der Grundsatz, „es ist nie zu spät, eine glückliche Kindheit zu haben."

Nicht selten erleben wir während der *Arbeit im Innenraum* transzendente Erfahrungen des Friedens, der Freude und des Geliebt- und Aufgehobenseins. Viele Patienten beschreiben Zustände der Expansion jenseits der Identifizierung mit dem Körper, dem Ich oder der eigenen (Leidens-) Geschichte.

Für die *Arbeit im Innenraum* gilt der Grundsatz, „alle Heilung ist möglich." Denn alle Gedanken, Erinnerungen und Gefühle sind im Wesentlichen Energie, und Energie kann umgewandelt werden. Dieser Grundgedanke ist besonders wichtig beim therapeutischen Umgang mit traumatischen Erfahrungen; hier hat sich *Psychoenergetische Heilung* als besonders wirksam, sicher und effizient erwiesen.

Prinzipiell unterscheiden wir nicht zwischen Heilung für ein gebrochenes Herz oder ein gebrochenes Bein. Dies soll natürlich nicht bedeuten, dass wir auf klassische medizinische Interventionen, wie z.b. einen Gipsverband, verzichten sollten; keineswegs! Aber aus langjähriger Erfahrung schätzen wir, dass die Heilungsdauer eines Knochenbruchs bei entsprechender energetischer Unterstützung um die Hälfte reduziert werden kann. Warum auch nicht? Alles ist Energie...

Es ließe sich noch vieles über die Anwendungsmöglichkeiten und den erfolgreichen Einsatz der *Psychoenergetischen Heilung* sagen, was wir auch in unserem Buch *Beyond Psychotherapy* (s.u.) und unseren Ausbildungsseminaren vermitteln.

Wer mehr über diese Art der Arbeit erfahren möchte, sei es aus persönlichen oder professionellen Motiven, kann mich gerne über meine Webseite www.heilpraxis.jetzt kontaktieren.

Das Buch zum Thema *Psychoenergetische Heilung*:

Beyond Psychotherapy: Introduction to Psychoenergetic Healing, by Martin F. Luthke and Linda Stein-Luthke, ISBN 0-9656927-4-4, 228 pp., US $19.95.

This is a fundamental text that describes in detail the healing approach that we developed over the years with the guidance of the Ascended Masters. *Beyond Psychotherapy* shows you how to work effectively with healing energies to heal

- body, mind, and spirit;
- past life trauma;
- anxiety;
- anger;
- addictions;
- depression;
- pain and other physical complaints;
- relationship issues;
- remote or recent traumatic experiences;
- and many other issues.

You will learn about the theoretical foundations of energy healing, specific techniques and applications, and the risks and benefits of becoming a healer.

Clearly and concisely written, *Beyond Psychotherapy* offers profound and practical information for anyone interested in energy-based healing methods. This book also is the textbook for students of Psychoenergetic Healing.

Veröffentlichungen

Linda Stein-Luthke und Dr. Martin Lüthke haben 16 englischsprachige Bücher veröffentlicht, die im Verlag *Expansion Publishing* erschienen sind.

Die Webseite www.expansionpublishing.com gibt Auskunft über sämtliche Bücher und wie Sie diese in gedruckter Form oder als eBook beziehen können.

Drei Titel mit gechannelten Informationen vom *aufgestiegenen Meister St. Germain* werden im Jahr 2020 auf Deutsch erscheinen. Diese sind (vorläufige Titel):

➢ **Dein Inneres Licht zum Leuchten bringen**: Über den Heilungsprozess

➢ **Deine Gedanken erschaffen Deine Wirklichkeit** und wie Du sie ändern kannst

➢ **Engel und andere Lichtwesen**

Wenn Sie Interesse an unseren deutschsprachigen Titeln haben, schicken Sie mir eine Email an info@heilpraxis.jetzt. Ich benachrichtige Sie gerne.

Zeitfracht Medien GmbH
Ferdinand-Jühlke-Straße 7
99095 Erfurt, Deutschland
produktsicherheit@kolibri360.de